A RESEARCH ON
CHINESE PROBLEMATIC ANAPHORS BASED
ON THE FRAMEWORK OF

DRT

汉语问题性照应语研究

以DRT框架下的
汉语驴子句处理为例

陈琳琳　著

社会科学文献出版社

SOCIAL SCIENCES ACADEMIC PRESS (CHINA)

究现状；第二章介绍了 DRT 处理英语驴子句的基本思想和框架；第三章针对英语驴子句现象的本质，对国内已有的汉语驴子句分类研究进行总结和归纳，给出典型的汉语驴子句类型；第四章在 DRT 框架的基础上，针对汉语驴子句所涉及的句法和语义对原有的 DRT 构造进行补充和改造，使其成为能够处理汉语驴子句相关语句的理论 DRT$_c$，并在 DRT$_c$ 下对典型的汉语驴子句进行处理和解释；第五章介绍了与驴子句现象相关的其他问题，如对具有驴子句句型的语句中不定名词短语的不同解释导致的驴子照应语的读法问题、驴子照应语的复数问题、与不定名词有关的真值条件问题、不同驴子句句型的真值条件与概率要求问题等；第六章的结语则简单回顾了运用 DRT 框架对汉语驴子句进行分析解释的工作，并设想未来对其他类型问题性照应语处理的可能思路。

关键词：照应语　DRT　驴子句　信息　模型

摘　要

　　照应关系是自然语言中普遍存在的现象，不仅受到语言学家的关注，逻辑学家也对其表现出浓厚的兴趣，同时该现象也是计算机人工智能对自然语言进行分析处理时必须解决的一个问题。照应语，顾名思义，是指表示照应关系的语词，它们可以是名称短语、指示词、比较词、代词等，其中以代词的照应关系最为典型。

　　传统语义理论对代词照应关系的处理，在遇到"驴子句"时出现了"翻译不一致"的问题。最初的驴子句"Every farmer who owns a donkey beats it"，是由 Peter Geach 于 1962 年提出的。按传统形式语义理论的规定，该句中的不定名词短语应具有存在量化（existentially quantified）的特征，而更符合人们直观理解的方式，却是要将不定名词短语解释成全称量化短语。所以，我们这里提到的"问题性照应语"，并不是指照应语自身的功能有问题，而是说按照传统语义理论的处理方法，其语义结果与直观语义理解有偏差。

　　驴子句现象一经提出就成为语言逻辑领域和语言学领域关注的重要问题。针对驴子句所涉及的不定名词、量词、辖域等问题，不同领域的学者们从不同方面对该语言现象进行了形式的和非形式的解释和说明，并发展出了处理该语言现象的相关形式语义理论。可以说，驴子句推动了 20 世纪 80 年代以来的动态语义学研究。

　　诸如"驴子句"这类的问题性照应语，汉语中也存在。鉴于驴子句对以英语为主要研究对象的语义研究的重要推动作用，近年来，国内学者们探讨了汉语中的驴子句现象，并主要对汉语中驴子句的分类及表现形式做了大量的研究。在这样的背景下，本书尝试借鉴处理英语驴子句的一种语义理论——话语表现理论（Discourse Representation Theory，简称 DRT）来处理汉语驴子句。本书第一章介绍了该研究的选题背景及意义，梳理了英语驴子句处理的主要理论和方法及国内对汉语驴子句的研

目　录

第一章　导论

20 世纪下半叶，逻辑研究开始出现语言学转向，而形式语义学正是逻辑和语言交叉研究的产物，是在逻辑框架内构建的关于自然语言的语义学。

形式语义学是用现代逻辑的形式化方法处理自然语言，通过构造自然语言形式系统的方式来解决其语义问题。尽管在形式语义学框架内逻辑始终强势影响着自然语言的研究，但自然语言的丰富性通过形式语义学的研究也一直作用于逻辑工具的创新（邹崇理、李可胜，2009：66~71）。

传统语义理论对自然语言形式系统的句法、语义规定，使得其对一些语言现象的处理有悖于人们的直观理解，其中涉及照应语的现象即本书谈到的"问题性照应语"。这些语言现象的存在，促进了学界对传统语义理论的反思及新理论的发展，而在这一过程中，"驴子句"起到了非常重要的推动作用。

最初的驴子句"Every farmer who owns a donkey beats it"是由 Peter Geach（1962）提出的。按传统形式语义理论的规定，该句中的不定名词短语应具有存在量化（existentially quantified）的特征，而更符合人们直观理解的方式，却是要将不定名词短语解释成全称量化短语。作为自然语言中的一类语言现象，"驴子句"一经提出就受到了学界的广泛关注。该语言现象涉及了不定名词、量词及辖域等问题，对这一现象相关问题的诸多研究成为促进动态语义发展的一股不可忽视的力量。

本书的研究是在一种动态语义理论——话语表现理论（Discourse Representation Theory，简称 DRT）的框架下展开的。我们将借鉴 DRT 对英语驴子句现象的处理方式，对照汉语语句系统与英语语句系统的不同，对 DRT 进行改造，使其能对汉语中的驴子句现象进行解释和处理，这不仅有助于增强 DRT 的语义处理功能，同时也希望能为现代语义理论的发展贡献汉语力量。

第一节　选题背景及意义

一　选题背景

逻辑研究的语言学转向，推动了形式语义学的快速发展，其在运用现代形式逻辑工具处理自然语言过程中遇到的照应语解释问题（以驴子句现象为代表），使得学者们在关注该类照应语现象的同时，反思已有语义理论的不足，进而推动了动态语义理论的发展。

驴子句（donkey sentence）是含驴子照应语（donkey anaphora）的一类自然语言语句。最初的驴子句是 Peter Geach（1962）提出的：

（1）Every farmer who owns a donkey beats it.

斯坦福哲学百科全书中对照应语的注释为：Anaphora is sometimes characterized as the phenomenon whereby the interpretation of an occurrence of one expression depends on the interpretation of an occurrence of another or whereby an occurrence of an expression has its referent supplied by an occurrence of some other expression in the same or another sentence.[①] 驴子照应语（donkey anaphora）由于不同于一般照应代词（anaphoric pronouns）用法（即要么可以被理解为具有其先行词所固定下来的所指，要么作为其量化先行词的约束变元）而被视为问题性照应语（problematic anaphora）的一种。包含驴子照应语的驴子句有两种，一种是条件句，一种是关系句，分别为：

（2）If Sarah owns a donkey, she beats it.

（3）Every woman who owns a donkey beats it.

作为自然语言逻辑开端的一种形式语义学理论，蒙太格语法（Montague Grammar，简称 MG）对自然语言中的量化表达式有一个一般形式的描述：一般把不定冠词"a"理解为一个存在量词。由于语句（1）、（2）和（3）并不是谈论任何一头特定的驴子，更自然的驴子句理解要

---

① http://plato. stanford. edu/entries/anaphora/index. html.

求将不定冠词"a"视为全称量词,这就导致了翻译的不一致问题。另外,(2)中的"a donkey"不能横跨一个条件句来约束结果从句中的代词 it,(3)中的代词也不在其量化先行词的辖域内,所以不能受其约束。这样,两种驴子句中的代词既不能理解为指称表达式也不能理解为约束变元。由于驴子句至少涉及不定名词的处理、量词的辖域、代词的处理及话语间照应关系的处理等问题,针对不同问题,后来的学者们从不同的着眼点给出相应的解决方案,不同的语义理论和处理方法便应运而生,DRT 就是其中的一种语义理论。

DRT 是"话语表现理论"(Discourse Representation Theory)的简称。早在 20 世纪 80 年代,Irene Heim(1982)和 Hans Kamp(1981)就分别给出了旨在处理问题性照应语,特别是驴子照应语的类似理论。Hans Kamp(1993)在其著作 *From Discourse to Logic:Lntroduction to Model - theoretic Semantics of Natural Language*,*Formal Logic and Discourse Representation Theory* 的前言中说,DRT 是针对自然语言语义的一种方法,主要针对两大问题,其中之一就是 Geach 提出的"驴子句"难题。DRT 的一个重要特点是在句法结构树与语义模型间增加了一个语义表现的中间层面——话语表现结构 DRS(Discourse Representation Structure),该结构上承句法部分的语言形式,下接语言内在的意义的模型论解释,展示了人们使用语言、理解语言的心理过程。"DRT 是一个有关话语的心理表现系统,即话语的 DRS 表现了构造该话语的讲话者头脑中的东西。"(W. Saurer,1993:249)DRT 自提出以来就备受关注,除了逻辑学家与语言学家以外,人工智能学家和心理学家也逐渐关注 DRT 对自然语言语义的处理机制,可查阅的相关应用研究的义献资料也越来越多。我们选择 DRT 作为研究的理论工具也是考虑到其理论框架的上述特点及其日渐广阔的应用空间。

驴子句对以英语为主要研究对象的语义研究的重要推动作用促进了近年来国内学者对汉语中驴子句现象的考察与研究。国内学者的研究主要集中在对汉语中驴子句的分类及表现形式方面,这一系列研究成果可参见文卫平(2006)的博士学位论文《英汉驴子句研究》。

在自然语言逻辑研究及动态语义研究的大背景下,本书的研究主要借鉴 DRT 对英语驴子句的处理理念，在国内学者对"汉语驴子句"的分类及表现形式的已有成果基础上展开，是一个既有开拓性又具有重要意义的努力和尝试。

二　选题意义

形式语义学将自然语言看作现代逻辑形式化方法处理的对象，通过构造自然语言形式系统来解决其语义问题，该系统给出句法和语义的对应原则，再在组合原则的基础上对小单位的语义进行组合，形成一语句的语义解释。然而，自然语言与人工语言不同，按照给定的句法语义规则，一些语句的语义已不符合直观的语义理解。这就要求对自然语言系统的句法形成及句法与语义的对应再做深入细化，使形式化的计算语义符合人们的直观理解。

相比英语的句法语义规则，汉语的要复杂丰富得多。虽然语法构成规则不同，但语言现象是相通的。汉语中同样存在像驴子句这样的问题性照应语，而对汉语的形式语义处理及机器翻译等，同样要面临问题性照应语的形式化处理问题。

本研究立足汉语中问题性照应语的形式化处理，以驴子句现象为代表，在借鉴 DRT 对英语驴子句现象的处理理念及国内已有的对汉语驴子句句型的研究的基础上，对 DRT 进行针对汉语句法的形式改造，以使其能解释汉语中的驴子句现象。这对 DRT 本身、汉语驴子句研究及汉语中其他语言现象的形式化分析和处理都具有十分重要的意义。另外，在这一研究过程中，我们还考察了影响自然语言语义的诸多因素，这也给人工智能领域中计算机对汉语的处理及人机对话的发展提供了一个可供选择的理论工具。

对于 DRT 而言，我们的尝试拓宽了其作为以英语为研究对象的语义理论的应用范围。同一类语言现象在不同的自然语言系统中会有不同的表现形式。对于可处理某一类语言现象的语义理论而言，只要其框架能够囊括所要研究的对象语言的相应句法和语义要求，该理论就可以用来处理不同语言系统中的同一类语言现象。本研究根据"汉语驴子句"的句法和语义要求对 DRT 框架进行扩充，用以解释和处理汉语中的"驴子句"现象,这样的尝试将拓宽 DRT 的应用范围,对 DRT 本身来说也是一个发展。

从国外自然语言语义研究的发展来看,对汉语驴子句研究的走向也是要找寻能够解释和处理该现象的形式化语义理论。国内已有的汉语驴子句研究主要集中在对驴子句现象的分类及表现形式上,基于 DRT 框架的汉语驴子句研究是将汉语的驴子句研究深入一步,尝试用已有的语义理论对汉语驴子句诸句型进行解释和处理,这里我们只是给出一种可能的语义理论,并不认为 DRT 是可以对汉语驴子句进行解释和处理的唯一理论。况且,汉语中的其他语言现象也都需要找到合适的语义理论进行形式化的解释和处理,DRT 也可能成为处理某些语言现象的合适选择,我们的研究也为汉语中其他语言现象的形式化解释和处理提供了一个新的理论工具。

另外,在本研究中,我们也关注了影响自然语言语义的其他诸多因素,认为一语句的确定性语义可以是基于交流双方的背景知识而言的,而实现信息成功流通的过程要经过信息的发出、接收、反馈、修正这一循环过程。这要求形式化的语义理论能够更多地囊括影响语义的因素,并能实现这一动态流程的操作。计算机对自然语言的处理及人机对话都不免要先完善相应的形式化理论,所以本研究也为二者的发展提供了一种重要的理论设想。

第二节　研究现状

本研究以驴子句现象为对象,以 DRT 对英语驴子句的处理方法为框架,在国内学者对汉语驴子句已有的研究成果基础上,根据汉语驴子句的句法和语义要求对 DRT 框架进行补充和修改,进而实现其对汉语驴子句的解释和处理。由于国内外尚没有关于这一研究的直接文献资料可供参考,所以这里仅给出国外处理英语驴子句的主要理论和方法及国内汉语驴子句的研究现状。

一　处理驴子句的主要理论和方法

处理驴子句的理论和方法主要有描述性方法(Descriptive Approaches）、依赖语境量词方法（The Context Dependent Quantifier）、话语表现理论和动态逻辑方法（Dynamic Logic Approaches）。

描述性方法是在一定程度上将照应性代词（anaphoric pronouns）的功能视为限定摹状词（definite descriptions），这一类理论研究者有 Evans（1977）、Neale（1990）、Heim（1990）等，这类理论也通常被称为 E – Type 或是 D – Type 方法。

依赖语境量词方法由 Wilson（1984）提出，后来 King（1987，1991，1994）对其进行了发展。该方法对两类驴子句的处理方法是不同的。对于关系句驴子句 "Every farmer who owns a donkey beats it"，其真值条件是，当且仅当每个有驴的农夫抽打他的某头驴子时，该语句为真，而对于条件句驴子句 "If Sarah owns a donkey, she beats it"，当且仅当 Sarah 抽打她所拥有的每一头驴子时，该句子为真。依赖语境量词方法对条件句驴子句的处理引入了一种 "熟知性效应"（familiarity effect），可参见 Heim（1982）的举例，而该方法的一个主要困难就在于并不清楚条件句驴子句解释中 "熟知性" 这一概念的使用能否得到最终的支持和维护。

话语表现理论是 20 世纪 80 年代，Irene Heim（1982）和 Hans Kamp（1981）分别给出的旨在处理问题性照应语，特别是驴子照应语的类似理论。这里主要谈论的是 Hans Kamp 的 DRT 理论。由于第二章会详细论述 DRT 对驴子句的处理方法，这里仅简单概括古典 DRT 对驴子句的处理思想。DRT 认为，两种类型的驴子句中，驴子照应语都有一种全称约束力。根据 DRT，不定名词是带有一个自由变元的一元谓词。DRT 处理两类驴子句的中心思想是，不定名词的全称约束力来自其中的变元，而这个变元是受一个具有全称约束力的算子约束的。因此，在条件句驴子句中，条件算子具有全称约束力。因为事实上，在每一个前件为真的情况（给自由变元赋值）中，后件也为真。而在关系句驴子句中，全称量词 "every" 不仅约束与谓语 "farmer who owns a donkey" 有关的变元，还约束由带有自由变元的谓语 "a donkey" 引入的变元。这就要求量词 "every" 约束多个变元，与传统的方法相分离。古典 DRT 对驴子句的处理方法导致了 "比例问题"（the proportion problem），见 Kadmon（1990）。对 DRT 框架的后续细致工作可见 Kamp 和 Reyle（1993）、van Eijck 和 Kamp

（1997）及 Kamp 和 Genabith 和 Reyle（2011）。

动态逻辑方法产生的动因是要兼顾 DRT 的动态因素，同时坚持组合原则。Groenendijk 和 Stokhof（1991）在介绍处理与驴子照应语有关的动态逻辑方法时清楚地提到这一点。动态逻辑方法处理驴子句的思想是使量词在语义上约束不在其句法约束范围内的变元。动态逻辑方法与古典 DRT 一样无法处理含广义量词的关系语句，也即会遇到比例问题，后来有人给出了广义量词的动态逻辑，见 Chierchia（1995）和 Kanazawa（1994）。

二　国内汉语驴子句研究现状

国内对汉语驴子句研究的重点主要集中在对汉语中驴子句现象进行分类，并给出相应的表现形式。

Cheng 和 Huang（1996）提出了两类条件句驴子句，"光杆条件句"（bare conditionals）和 "如果/都条件句"（ruguo-and dou-conditionals）均表现为 "wh…wh" 关联结构。Pan 和 Jiang（1997）认为这两类驴子句间的互补分布并没有那么严格，黄爱军（Huang，2003）则认为两类条件句驴子句没有明显的区别特征，汉语中只有一类驴子句，即条件句驴子句。

文卫平（2006）在对条件句驴子句进行补充说明的同时，给出了汉语中的三种关系句驴子句，同时还给出了汉语类指隐性驴子句。对照三类英语驴子句，文卫平给出了相应的汉语驴子句：

a. 谁（要是）有驴子，谁（就）打驴子。

b. 凡有驴子的农夫皆打驴子。/每个有驴子的农夫都打驴子。

c. 有驴子的农夫打驴子。

本研究主要借鉴文卫平对汉语驴子句的研究成果，并在此基础上给出典型的汉语驴子句表达式。

目前国内学界还没有对汉语驴子句进行形式化解释和处理的尝试，也没有用 DRT 对汉语驴子句进行研究的先例，所以我们的工作既具有开创性也具有挑战性。

第三节　本书结构及写作思路

本书共分六部分。分别为：导论；DRT 对英语驴子句的处理；汉语驴子句的界定；基于 DRT 框架的汉语驴子句处理；与驴子句相关的其他问题；结语。

第一章为导论部分，介绍本选题的背景和意义、国内外相关的研究现状及全书的框架结构及写作思路。

第二章主要介绍 DRT 对英语驴子句的处理，从句法到语义方面分别进行介绍。这里我们关注的 DRT 框架主要是参照 Kamp 和 Reyle（1993）的构架及 Kamp 和 Genabith 和 Reyle（2011）的细致工作。本章写作的一个主要目的是考察 DRT 处理英语驴子句的基本思想及理论框架，为第四章基于 DRT 框架的汉语驴子句处理的写作做铺垫。

第三章是汉语驴子句的界定，我们梳理了国内汉语驴子句研究的已有成果，并在此基础上给出三类汉语驴子句的典型例句及它们的省略情况。这几类例句将作为我们第四章对原有 DRT 框架进行变动调整的参照物，同时也是我们新的 DRT 框架所要解释和处理的对象语句。

第四章我们首先针对汉语驴子句的三类表现形式及其省略情况所涉及的特殊句法现象，尝试对 DRT 的句法规则和 DRS 构造规则及其在模型中的解释进行相应的补充和改造，随后尝试在调适后的 DRT_c 下对汉语驴子句的几种情况进行处理和解释。

第五章主要讨论几个与驴子句相关的其他问题，包括驴子照应语的不同读法问题、照应语的复数情况及不同驴子句句型的真值条件问题等。我们在讨论这些问题的同时，考虑对一语句的语义确定可以置于信息交流的过程中，通过交流双方的背景知识来获得该语句相对于交流双方的一致的理解。同时我们尝试对 DRT 中的模型进行扩充，将交流双方的背景知识也作为模型的组成部分，实现语句作为信息载体的交流和传导功能。

最后一部分是结语，是对全文的一个总结概括，并提出信息流通是一个信息的发出、接收、反馈、修正的循环过程。自然语言信息处理的形式化理论，有必要将更多的影响语句语义的因素囊括到理论框架中，以更好地完成对自然语言语义的形式化处理。

本书的写作思路是从英语驴子句现象到汉语驴子句现象；从处理英语驴子句的 DRT 理论到能够处理汉语驴子句的基于 DRT 框架的 DRT_C，并尝试在 DRT_C 下对汉语驴子句的几种类型进行处理和解释；从 DRT 等理论对驴子句的处理考察驴子句相关的其他问题，将语句的语义处理归结到具体的信息交流双方的背景知识的相对性中去。

第二章　DRT 对英语驴子句的处理

DRT 是 20 世纪 80 年代初继蒙太格语法之后发展起来的系列形式语义理论之一。它是一种动态地描述自然语言语义的形式语义理论。其创始人是汉斯·坎普（Hans Kamp）。传统形式语义学对自然语言的处理存在很多问题和局限性，例如：对句子的分析是静态的，对不定摹状词分析不恰当及无法处理语篇中的代词照应关系等。DRT 在继承以蒙太格为首的自然语言语义学的模型论方法的同时，将对语句的分析和处理扩大到语句系列，这样就能表现名词和代词间的指代照应关系。该理论在自然语言语句的句法结构和语义模型间增设了一个语义表现的中间层面——话语表现结构 DRS（Discourse Representation Structure），展现了人们运用语言过程中的心理认知特征。DRT 对语句序列的动态处理采用逐渐增添语言信息内容的方法，反映了人们运用自然语言进行交流过程中的语言信息不断累积、递增的实际情况。例如，对句子序列 Ψ_1，…，Ψ_n，先分析 Ψ_1，得到 Ψ_1 的 DRS，再在 Ψ_1 的 DRS 的基础上分析 Ψ_2，即对 Ψ_1 的 DRS 进行增添和扩展，从而得到 Ψ_2 的 DRS，以此类推，直到得到 Ψ_n 的 DRS，也就是整个句子序列的 DRS。

DRT 主要有这样几个部分：句法规则、话语表现结构 DRS、DRS 在模型中的解释（Kamp，1981：191）。

第一节　DRT 的句法规则

DRT 处理自然语言的语义是从给出一个句法形式理论开始的。该理论是在 Gazdar 及其同事于 1985 年提出的 "广义短语结构语法"（Generalized Phrase Structure Grammar）的框架下构建的（Kamp and Reyle，1993：24）。DRT 的句法理论由两部分组成：短语结构规则（phrase structure rules）和词汇插入规则（lexical insertion rules）。

DRT 基本的短语结构规则为：

（A）S→NP VP

（B）VP→V NP

（C）NP→PN

（D）NP→PRO

（E）NP→DET N

词项插入规则为：

PN→Jones，Smith，Mary，Anna Karenina，Buddenbrooks …

V→likes，loves ，abhors，arises，rotates …

PRO→he，him，she，her，it，they

DET→a，every，the，some，all，most …

N→book，stockbroker，man，woman，donkey，Porsche …

基本的短语结构规则是抽象出自然语言语句的结构，也就是将语句进行成分划分而得来的，其目的是构造一个树形结构、一个合适语句的框架，再根据词项插入规则，形成具体的合乎规范的语句。

例如，要得到语句（4）Jones likes Anna Karenina，先由短语结构规则得到下面的过程：

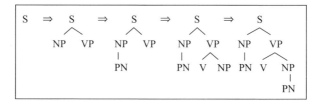

再由词汇插入规则得到下面的结果：

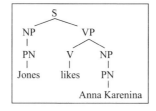

由于英语中有主谓一致的问题，相应地，DRT 的句法结构考虑了范畴的诸多特性，相应的句法规则也有相应的细化。首先，主语和谓语在"数"（number）上有一致性，用 Num 来表示"数"这一特征，且该特

征有两个可取值——单数（sing）和复数（plur），这一特征适用于 S、N、NP、PN、DET、V、VP、PRO 等。其次，还有"格"（Case）特征和"性"（Gender）特征。格（Case）特征的二值为"主格"（＋nom）和"非主格"（－nom），适用的句法范畴为 NP 和 PRO；性（用 Gen 表示）特征的三种取值分别表示为男性（male）、女性（fem）和非人类（－hum），范畴 N、NP、PN、PRO 都受该特征影响。还有动词 V 的"Trans"特征，即及物与非及物之分，相应的两个取值为 ＋、－。在刻画否定句时，DRT 在句法范畴中添加了助动词（AUX）和 VP′，VP′是要保证不生成"AUX not AUX not VP"这样的符号串。引入助动词就涉及动词的限定形式（finite form）和非限定形式（infinite form），为此，DRT 引入了"Fin"这一特征，其取值为 ＋、－。在刻画关系从句时，DRT 引入了新的句法范畴"RC"和"RPRO"，即关系从句和关系代词。考虑到从句的主语或谓语位置会有空缺（Gap），而被省略的部分要与语句的相关部分保持主谓一致，故 DRT 用"Gap = NP"表示省略名词短语的情况，相应的名词短语的单复数同前面提到的数的性质表示相同，即该情况下的两种取值为"$\text{Gap} = \text{NP}_{\text{Num} = \text{sing}}$"和"$\text{Gap} = \text{NP}_{\text{Num} = \text{plur}}$"；而"Gap = －"则表示名词短语未被省略的情况。

　　将上述特征细化到已有句法结构中有两种方法，一种是"explicit rules"，另一种是"covering rules"。以数特征为例重述短语结构规则（A）和（B），来看看两种表示方法的不同。先看规则（A），其"explicit rules"的表示方法为：

　　（A_1）$S_{\text{Num} = \text{sing}} \rightarrow NP_{\text{Num} = \text{sing}}\ VP_{\text{Num} = \text{sing}}$

　　（A_2）$S_{\text{Num} = \text{plur}} \rightarrow NP_{\text{Num} = \text{plur}}\ VP_{\text{Num} = \text{plur}}$

其"covering rules"的表示方法为：

　　（A_3）$S_{\text{Num} = \alpha} \rightarrow NP_{\text{Num} = \alpha}\ VP_{\text{Num} = \alpha}$

　　这里，α 作为可以取遍 Num 所有值的一个变元，所以（1.3）代表两个规则，一个是单数情况，一个是复数情况，同时 α 在不同位置的出现意味着在所有这些地方，它必须取同一个值。再看规则（2），"explicit rules"为：

　　（B_1）$VP_{\text{Num} = \text{sing}} \rightarrow V_{\text{Num} = \text{sing}}\ NP_{\text{Num} = \text{sing}}$

　　（B_2）$VP_{\text{Num} = \text{sing}} \rightarrow V_{\text{Num} = \text{sing}}\ NP_{\text{Num} = \text{plur}}$

（B₃）$VP_{Num=plur} \rightarrow V_{Num=plur} \ NP_{Num=sing}$

（B₄）$VP_{Num=plur} \rightarrow V_{Num=plur} \ NP_{Num=plur}$

其"covering rules"为：

（B₅）$VP_{Num=\alpha} \rightarrow V_{Num=\alpha} \ NP_{Num=\beta}$

结合数特征，语句"Jones likes Anna Karenina"采用"explicit rules"的完整生成过程如下：

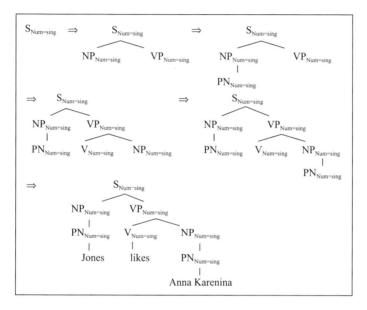

若采用"covering rules"，则在使用词项插入规则前，该语句的生成过程为：

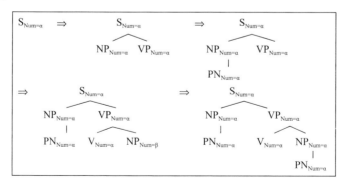

由于上述特性及主谓一致的众多可能情况，这里不一一列出涉及的短语结构规则和相应的词项插入规则，以后在处理相关语句时，本书会

列出有关句法规则。

第二节　话语表现结构 DRS

DRT 的中心任务是给出英语句子的语义表现（semantic representations），谈到语义表现，就要构建话语表现结构（Discourse Representation Structures，简称 DRSs）。

一般地，DRSs 不是单个语句的语义表现，而是更大的语言单位，如多语句段落、篇章语句等的语义表现。这些较大语言单位的 DRSs 是通过处理每一个小句，进行语义传递和叠加而得来的。例如句子序列 S_1，S_2，…，S_n，先分析 S_1，得到它的话语表现结构 DRS_1，再把 DRS_1 的信息累加到 S_2 的分析中，得到 DRS_2，也就是说，DRS_2 是在 DRS_1 的基础上增添了新的信息而得到的，如此下去，直到得到 S_n 的话语表现结构 DRS_n，则 DRS_n 即为该句子序列最后的话语表现结构。

一　DRS 结构

我们先用一个例子来说明 DRS 的结构。语句（5）"Jones owns Ulysses"的句法结构为：

（5.1）

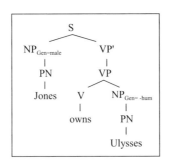

这里我们忽略了很多特征，只列出了与（5）的解释相关的特征。该结构的第一步利用了这样一个事实，即待表示的句子可以被分析为主语和谓语的一个结合，也就是（5.1）的顶部，包括 S 节点和其子节点 NP 和 VP'。而该步骤所涉的不同运算是（5.1）的一个小部分（5.1.1），也就是那三个节点再加上一个，即能够显示出 NP 是一个专名 PN：

（5.1.1）

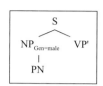

该部分被称作"起始格局"（triggering configuration）。从语义上看，主谓的结合表明，NP 所指示的个体满足 VP′所表达的谓语。为了表现这一信息，DRT 引入一个形式代表，也叫话语所指（discourse referent）来表示被指示的个体，并且将该代表编入以 DRS 条件（DRS‑condition）为形式的谓语表达式中。这一过程是用话语所指（假定是符号 x）来替换（5.1）中的主语 NP，结果为：

（5.2）

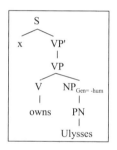

这样的 DRS 状况一般简化为线性表示式：

（5.3）　　　　　　　　　　　　[x owns Ulysses]

另外，在（5.2）中，还需要增加一个 DRS 条件"Jones（x）"来表示 x 是代表 Jones 所指示的个体。因此，起始格局就将（5.1）转变为（5.4），其简化形式为（5.5）。

（5.4）

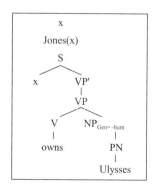

（5.5）

```
┌──────────────────────┐
│          x           │
│       Jones(x)        │
│   [x owns Ulysses]    │
└──────────────────────┘
```

上述 DRS 的例子表明，所有的 DRS 都由两部分构成：

（i）DRS 的论域（universe），即一个话语指称的集合，位于图表的顶部；

（ii）DRS 条件集（DRS – conditions），一般位于论域下方。

那么，在（5.4）中，论域由单个的话语指称 x 构成，条件集由 Jones（x）和（5.2）的树形结构构成。

（5.4）中的第二个条件仍然是一个复杂的结构，需要进一步的语义分析。这个条件包含一个复杂的谓语 owns Ulysses，该谓语由动词 owns 和直接宾语 Ulysses 构成。像这样需要进一步化归的条件叫作可化归条件（reducible condition）。那么我们可以用处理主语 Jones 的方法来分析 Ulysses，用 y 来表示 Ulysses 的所指，同时在论域中增加 y，在条件集中增加 Ulysses（y），及用 y 替换 Ulysses 后的树形结构。这一过程的起始格局为：

（5.6）

```
┌──────────────────────┐
│         VP           │
│        ╱  ╲          │
│      V    NP_{Gen= -hum} │
│             │         │
│            PN         │
└──────────────────────┘
```

语句（5）的 DRS 为（5.7），简化形式为（5.8）。

（5.7）

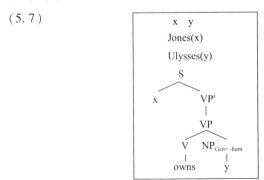

（5.8）

$$
\boxed{
\begin{array}{l}
x \quad y \\
\text{Jones}(x) \\
\text{Ulysses}(y) \\
x \text{ owns } y
\end{array}
}
$$

（5.8）中，条件［x owns y］不能再被继续分解，这样的条件就是不可化归的（irreducible）。

例句（5）的话语表现结构获得过程其实是 DRS 的专名处理规则，这里用这个例子是要说明 DRS 的结构及几个概念，为下面更好地理解 DRS 的构造算法服务，至于具体的不同语法范畴的 DRS 构造规则，下文会一一说明。

二　DRS 构造算法

> DRS构造算法
>
> 输入：话语D=S_1, …, S_i, S_{i+1}, …, S_n
>   空DRS K_0
> 对于i=1, …, n而言，不断重复下列运算：
>   (i) 将后续语句S_i的句法分析[S_i]并到K_{i-1}的条件中，叫做DRS K_i^*，执行(ii)。
>   (ii) 输入：K_i^*的一个可化归条件集
>   不断对K_i^*的每一个可化归条件应用构造规则，直到获得一个仅包含不可化归条件的DRS K_i^*为止。执行(i)。

DRS 构造算法有两个回路（recursion）。第一个回路在构成话语 D 的完整语句层面上运行：当该算法应用于语句序列 S_1，…，S_n，其处理的顺序是按照语句出现的顺序进行的。它首先将 S_1 合并到初始 DRS K_0 中，然后将 S_2 合并到由第一次合并得到的 DRS K_1 中，依次进行。而将 S_i 并入 K_{i-1} 的第一步是要将 S_i 的句法分析［S_i］并到 K_{i-1} 的条件中，这里 K_{i-1} 是作为释义 S_i 的语境存在的。构造算法描述了 S_i 如何利用语境获得解释，以及该语境如何转变成一个新语境 K_i，但没有详细说明首句的语境 K_0。一给定话语的初始语境 K_0 应该是这样一个 DRS，它包括话语接收者在处理该话语时可获得的相关信息。但那时，接收者可获得的语境信息要依赖于话语被接收时的背景和环境，在该背景和环境中，接收者要已经知道该话语的主题，所以，对于一个话语的初始语境的一般解释要甚少谈论，以免错误地表示现实交流中所发生的事情。因此，在 DRS 构造算法中，初始 DRS K_0 常被称为空 DRS。

第二个回路作用于个体语句的处理，或者是语句合并（sentence - incorporation）的处理。这一过程要注意三点：

（i）作用于每一个不同的 DRS 构造规则应用的运算；

（ii）触发不同规则应用的句法构造；

（iii）在处理给定句法结构时所要应用的规则顺序要由最高节点开始。

三　DRS 构造规则

DRS 的构造规则可以分为两大类，一类是针对词项范畴［包括专名（PN）、不定摹状词（ID）、代词（PRO）、名词性从句（NRC）］，一类是针对由不同联结词构成的复句及量词［如否定句（NEG）、条件句（COND）、选言句（OR）、联言句（AND）、全称量词（EVERY）］。这里只列出与本书相关的构造规则。

（一）词项范畴规则

①专名（PN）的构造规则 CR. PN

DRS 对专名的处理步骤如下：

（i）在论域中引入一个新的话语所指；

（ii）在条件集中引入这样一个条件，该条件是通过将话语所指置于专名后面的括号中得到的，且该专名处于句法结构中 PN 节点的下方；

（iii）在条件集中再引入这样一个条件，该条件是通过在相关的句法结构中用新的话语所指替换 NP 部分得到的；

（iv）从 DRS 中删除包含起始格局的句法结构，即删除以 NP 为母节点的枝（Kamp and Reyle，1993：65）。

回看语句（5）中对专名 Jones 的处理（5.4），对照 PN 规则，第一步引入的话语所指为 x，第二步引入的条件为 Jones（x），第三、四步共

同将

（5.1.1）

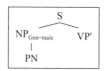

中的以 NP 为母节点的枝去掉，换成 x，得到

（5.1.1′）

以 VP′为母节点的枝照写，便得到（5.4）所示的树形结构。

PN 构造规则的形式化表示方法如下：

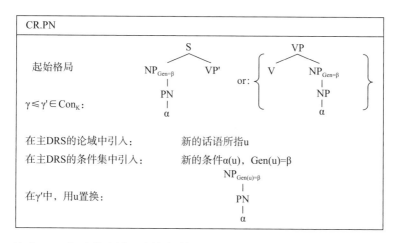

其中，γ 表示使用规则的起始格局，也就是以 $NP_{Gen=β}$ 为母节点的枝；γ′指包含 γ 的条件，即以待处理的 γ 为子树的结构，也就是以 S 为母节点的树形结构，γ′∈Con_K 表示 γ′属于 Con_K。

②不定摹状词（ID）的构造规则 CR. ID 及相关的 CR. LIN

DRS 对不定摹状词的处理步骤如下：

（i）在论域中引入一个新的话语所指；

（ii）在条件集中引入这样一个条件，该条件是通过在相关的句法结构中用新的话语所指替换 NP 部分得到的；

（iii）在条件集中再引入一个条件，该条件是通过将话语所指置于 N 部分的顶端节点后面的括号里得来的（Kamp and Reyle，

1993：84）。

而 CR. LIN 其实就是进一步将（iii）引入的条件置换成这样一个条件，该条件是通过去掉（iii）中引入的条件的顶端节点，并将话语所指放入末端节点后面的括号中得来的。

不定摹状词构造规则及其相关的 CR. LIN 的示例我们将在名词性从句规则的应用示例中一并给出。

这两个规则的形式化可以表示如下：

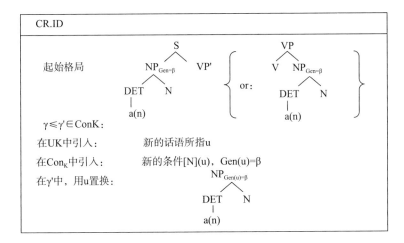

③名词性从句（NRC）的构造规则 CR. NRC

名词性关系从句的 DRS 构造分为这样两步：

（i）引入这样一个条件，该条件是树形图中的一个子树，其顶节点是起始格局的子节点 N，并将 α 放入该节点后面的括号里；

（ii）再引入这样一个条件，该条件是一个 S 部分，其顶节点是起始格局中的 RC，并将子树上的空节点 NP 用 α 来替换。

CR. NRC 规则的形式化表示如下：

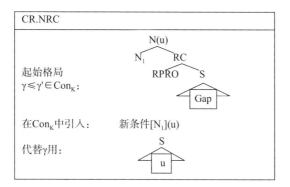

下面我们以语句（6）为例，对照上述规则，看 DRT 是如何给出其 DRS 的。

（6）Jones owns a book which Smith adores.

首先根据本章第一节中提到的 DRT 的句法规则，对（6）进行分解，依次为：

（F）S→NP VP′

（G）NP→PN

（H）VP′→V NP

（I）NP→DET N

（J）N→N RC

（K）RC→RPRO S

（L）（M）（N）分别同（F）（G）（H）

加上词汇插入规则，如下所示：

（6.1）

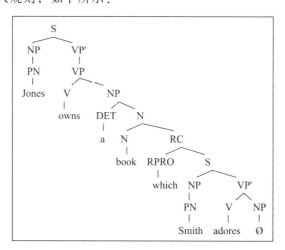

首先用 CR. PN 规则对主语 Jones 进行处理，在论域中增加变元 x 和条件 Jones(x)，将（6.1）中最高节点 S 的左侧第一个分支由（6.1.1）变为（6.1.2）：

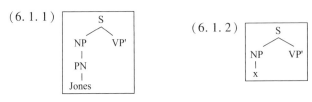

其余树形图部分保持不变，此时的结果用简单的线性方式表示为：

$$x$$
$$Jones(x)$$
$$[x\ owns\ a\ book\ which\ Smith\ adores\ Ø]$$

接下来运用规则 CR. ID，由于语句（6）中的不定摹状词不是单独存在的，而是带有一个从句，所以在这里对不定摹状词"a book"的处理不能按规则中的要求立即完整地体现在整个句子的树形图中，而是先在论域中增加新的话语所指 y，将名词从句分出来，单成为一个小的树形图，即将（6.1）中以 RC 为子枝的 N 节点下所属的部分拿出来，并将 y 放入其后面的括号中；而剩下的部分作为另一个树形图，并将 y 置于 VP 的子节点 NP 的下方，CR. PN 规则应用后的结果保持不变。此时的结果如下所示：

（6.2）

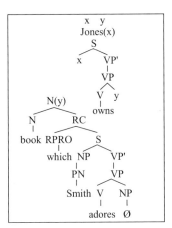

（6.2）下方的树形图还需要进一步化归，其中名词 book 要按 CR. ID
规则的第三步，增加条件（6.2.1）：

（6.2.1）

N(y)
|
book

同时将规则 CR. NRC 应用于结构：

所得结果为（6.3）：

（6.3）

x　y
Jones(x)
N(y)
|
book
S
NP　　　VP'
|　　　　|
PN　　　VP
|
Smith　V　　　y
|
adores
S
x　　VP'
|
VP
V　　y
|
owns

最后运用 CR. LIN 和 CR. PN 对剩下的部分进行处理，得到的结果及
其简化的 DRS 图框分别为（6.4）和（6.5）：

（6.4）

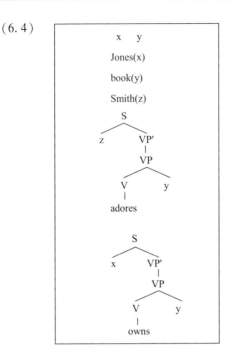

（6.5）

```
x  y  z
Jones(x)
book(y)
Smith(z)
z adores y
x owns y
```

④代词（PRO）的构造规则 CR. PRO

本节开篇就提到，DRSs 一般用来表示较大的语言单位。其对句子序列或是语篇的表示主要利用信息累加的方法，这种累加的性质与话语的语义连贯性有密切关系，而这一关系的一个典型的语言现象就是代词的回指照应（pronominal anaphora）。代词的回指照应，是指该代词所指称的某个词项在该代词所出现的话语的其他地方被提及。处理照应性代词的理论的一个中心问题就是要定义或是解释照应性代词与其先行词（anaphoric antecedent）间存在的关系，而先行词就是在话语中引入实体的名词短语，且该实体被理解为该代词的所指。这样，代词的回指照应就被视为某些种类名词短语 NP 间的语法关系。而 DRT 并不把回指分析为代词和其他名词短语间的一种关系，而是代词与结构的语义表示中已经存在的话语所指间的一种关系。看下面的语句：

（7）Jones owns Ulysses. It fascinates him.

解释（7）中的代词 it 和 him 就是要找到论域中表示它们各自所指称的个体的话语所指。语句（7）的第一个句子就是我们前面处理过的语句（5），见（5.7）或（5.8）。首先，两个代词的指称要在 DRS 论域的仅有两个成员 x 和 y 中挑选；其次，两个成员间的选择是既定的，因为两个代词被"性一致"规则约束，也就是说，Jones 是一个人名，Ulysses 是一本书的名字，这样，it 就必须指称后者，而 him 指称前者。

我们来看（7）的第二个句子，它的句法结构为：

（7.1）

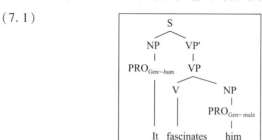

DRT 中代词的构造规则 CR. PRO 有以下几条：

（i）在 DRS 论域中引入一个新的话语所指，相当于 CR. PN（i）；

（ii）引入一个条件，用新的话语所指替换包含该规则应用的起始格局中相关 NP 部分，并删掉 NP 相关部分，相当于 CR. PN（iii）（iv）；

（iii）增加形如"α = β"的条件，这里，α 是新的话语所指，β 是从 DRS 论域中挑选出的一个合适的话语所指。

句法结构（7.1）中有两个代词，我们先来看代词 it，其起始格局为：

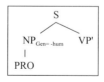

在第一个语句的 DRS 结构（5.8）的基础上，应用 CR. PRO 对 it 进行处理，得到（7.2）：

（7.2）

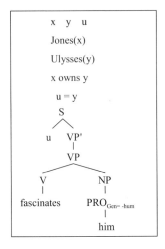

简化表示为（7.2.1）：

```
x   y   u
Jones(x)
Ulysses(y)
x owns y
u = y
[u fascinates him]
```

在（7.2.1）的基础上，应用 CR. PRO 规则处理第二个代词 him 得到（7.3）：

```
x   y   u   v
Jones(x)
Ulysses(y)
x owns y
u = y
v = x
u fascinates v
```

上述例句是较为简单的语句，两个代词只需在论域中已有的两个话语所指间进行选择，且两个代词有不同的"性"特征。而有些语句的情况就复杂一些，比如"Billy hit Johnny with his baseball bat. He burst into tears"。这里，代词 he 有两个可供选择的话语所指，即分别由 Billy 和

Johnny 引入的话语所指，由于没有"性"等其他特征一致性规则的约束，自然该话语就有两种可能的解释和意义，而究竟取哪一个意义需要参照更多的背景信息。DRT 框架暂不考虑这种复杂情况，当然，这也会促进 DRT 的进一步发展。

CR. PRO 也同样有自己的形式化表示：

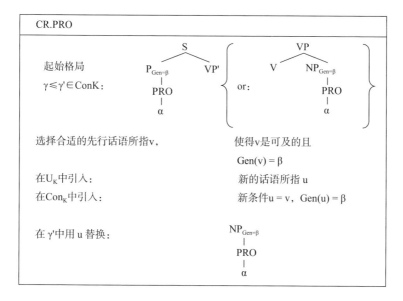

这里需要说明一点，上面提到的"可及"（accessibility）是处理代词的重要概念，它是话语所指与 DRS – 条件间的一种关系。由于可及的概念是在 DRT 对否定句处理的时候给出的，所以这里先不做解释。

（二）否定句、条件句及全称量词规则

①否定句（Negation）规则 CR. NEG

一般地，英语中否定句的基本形式是语句中的动词前含有"助动词＋not"。对否定句的解释可以是"句内"否定，即将否定词视为嵌入语，也可以是"句外"否定，即将否定句视为对嵌入否定词之前的语句的否定。例如，"Jones does not love Marry"与"It is not the case that Jones loves Marry"，两句话的语义相同，但表述方式不同，DRT 对否定句的形式化处理倾向于后者，并用"￢"来表示否定算子。看语句(8)"Jones does not own a cat"，其句法结构如下：

（8.1）

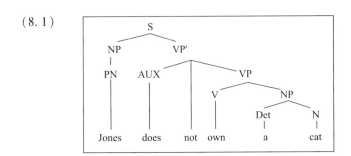

根据 DRT 规则，先运用 CR. PN 规则，得到：

（8.2）

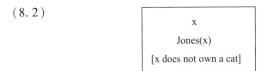

再根据 DRT 对否定句处理的方式，运用否定算子 " ￢ " 得到：

（8.3）

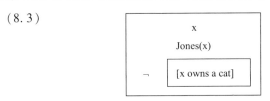

接着对可化归的条件［x owns a cat］使用 CR. ID 及 CR. LIN 规则，得到语句（8）的 DRS：

（8.4）

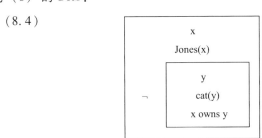

否定句规则 CR. NEG 的形式化表示为：

```
CR.NEG

起始格局                      S
γ≤γ'∈ConK:        u              VP'

                           AUX   not   VP

替换γ'用:
                              S

             ¬         u           VP'

                                   VP
```

现在来定义"可及"，由于"可及"的定义涉及"弱从属"（weak subordination）的概念，而"弱从属"概念是以"从属"关系为基础的，所以我们由"从属"关系开始。

令 K_1、K_2 都是 DRS，"从属"关系是满足下列条件的一种关系：

（i）K_1 直接从属 K_2，记作（$K_1 < K_2$），当且仅当 K_2 的条件包含 ¬K_1 的条件；

（ii）K_1 从属 K_2，当且仅当

（a）K_1 直接从属 K_2，或

（b）存在一个 DRS K_3，使得 K_3 从属于 K_2，且 K_1 直接从属于 K_3。

"弱从属"概念上接"从属"关系，为 K_1 和 K_2 间的这样一种关系：

"K_1 等于 K_2"或者"K_1 从属于 K_2"，记作 $K_1 \leq K_2$。

下面我们来看"可及"的概念：

令 K 为一个 DRS，x 是一个话语所指，γ 为一个 DRS－条件。在 K 中 x 对于 γ 来说是可及的，当且仅当存在 $K_1 \leq K$，$K_2 \leq K_1$，使得 x 属于 K_1 的论域，γ 属于 K_2 的条件集，即 $x \in U_{K1}$，$\gamma \in Con_{K2}$。

我们以下面的结构为例来看上述定义：

其中弱从属关系为：$K_2 \leq K_1$，$K_2 \leq K_0$，$K_1 \leq K_0$，$K_3 \leq K_0$。可及关系为：K_1 中的话语所指 y 对于 K_2 中的条件 dog（z）和 y owns z 可及。

②条件句（Conditionals）规则 CR. COND

英语中条件句的表现形式很多，DRT 对条件句采用的短语结构为 "S→if S_1 then S_2"。对于形如"if A then B"的条件句，该规则引入一个

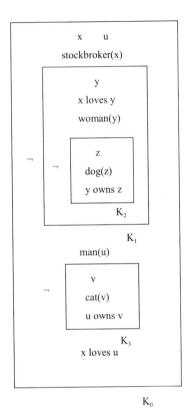

形如 $K_1 \Rightarrow K_2$ 的 DRS – 条件，其中，K_1 是与 A 相对应的 DRS，K_2 是将 K_1 扩展为包含 B 的一个 DRS。

CR. COND 的构造规则为：

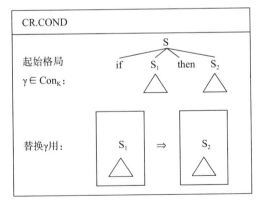

看语句（9）"If Jones owns a English dictionary，then he uses it"，按照

上述要求，语句（9）的初始 DRS 图框为：

（9.1）

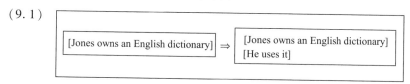

首先要处理［Jones owns an English dictionary］，然后是［He uses it］。在（9.1）中我们可以看到［Jones owns an English dictionary］出现了两次，一次在左边，一次在右边，而语句（9）涉及一个前件，被解释一次就够了。图（9.1）的表示方法符合我们对语句理解的直觉：首先，前件在左边出现的时候被处理，然后处理的结果在右边方框中重复出现，再来处理后件以完成右边的 DRS 表示。我们通过在后边增加相应的 DRS - 条件来反应这一直觉的处理，先对前件应用 CR. PN 和 CR. ID 规则得到：

（9.2）

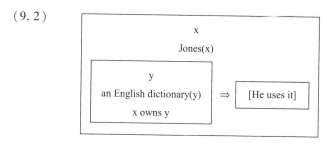

再对后件两次应用 CR. PRO 规则得到：

（9.3）

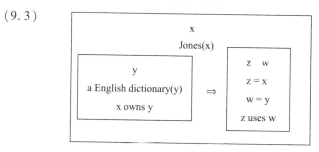

这里同样涉及可及问题，由于增加了 CR. COND 规则，前面提到的从属、弱从属和可及关系要相应地扩展为以下内容。

同样，令 K_1、K_2 都是 DRS：

（i） K_1 直接从属 K_2，当且仅当

（a） K_2 的条件包含 ¬ K_1 的条件，或者

（b） 对于某个 DRS K_3 来说，K_2 包含形如 $K_1 \Rightarrow K_3$，或 $K_3 \Rightarrow K_1$ 的条件；

（ii） K_1 从属 K_2，当且仅当

（a） K_1 直接从属 K_2，或

（b） 存在一个 K_3，使得 K_3 从属于 K_2，且 K_1 直接从属于 K_3；

（iii） K_1 弱从属于 K_2，当且仅当或者 $K_1 = K_2$，或者 $K_1 < K_2$，与从前一样，记作 $K_1 \leqslant K_2$；

（iv） 扩展后的"可及"定义为：

令 K 为一个 DRS，x 是一个话语所指，γ 为一个 DRS – 条件，在 K 中 x 对于 γ 来说是可及的，当且仅当 x 属于 K_1 的论域，其中

（a） $K_1 \leqslant K$，且

（b） 存在一个 DRS K_3 和 K_4，$K_4 \leqslant K$，使得 K_4 的条件集中包含 $K_1 \Rightarrow K_3$，且 $K_2 \leqslant K_3$。

看下面示例：

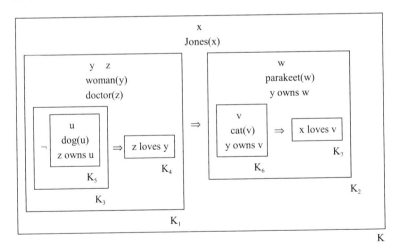

根据定义，示例中的直接从属关系为：

$K_5 < K_3 < K_1 < K$，$K_4 < K_1 < K$，$K_6 < K_2 < K$，$K_7 < K_2 < K$；

可及关系有：

x、y、z 对于 K_4 中的"z loves y"而言可及；x、y、z、w、v 对于 K_7 中的"x loves v"而言可及。

③全称量词 every 的处理规则 CR. EVERY

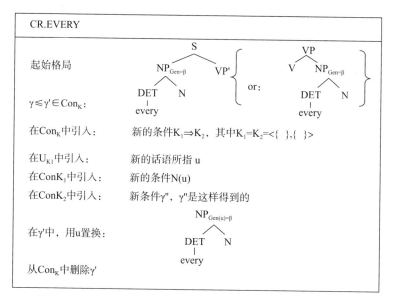

例如语句：

（10）Every farmer owns a Mercedes.

根据规则，该语句的 DRS 为（10.1）：

（10.1）

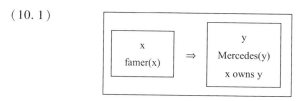

这里，every 短语与之前遇到的 NP 有所不同，其他规则引入的话语所指或者是在相应规则所应用的 DRS 论域中，或者是在高一级别的 DRS 中，而 every 规则将其话语所指置于新建立的次级 DRS 中，这样，该指称就与该规则所应用的条件中出现的代词不可及。例如语句（11）：

Every professor owns Buddenbrooks. He likes it.

其 DRS 为（11.1）：

（11.1）

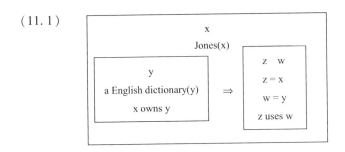

该句中的 he 不能被回指性地解释为相关的 every professor，因为相关的话语所指 x 在次级位置上，而 He likes it 是属于主 DRS 的一个条件。

第三节　DRS 在模型中的解释

模型相当于外部世界的抽象，DRS 在模型中的解释是要以模型为参照物来检验 DRS 所表达的命题内容的真与假。一个 DRS 在一个模型 M 中为真的含义可以这样理解：DRS K 在模型 M 中为真，当且仅当 U_M 与 K 的话语所指相关联，使得 K 中的每一个条件在 M 中"可证实"或"被确认"（verified）。

我们先来看看 M 的构成，模型 M 的第一部分构成成分是论域 U_M，第二部分是 $Name_M$ 和 $Pred_M$，例如 $Name_M$（Jones）指称在 M 中名字 Jones 的承担者，因此 < Jones，a > 属于 $Name_M$，用 $Pred_M$（stockbroker）来表示 M 中谓词 stockbroker 的扩展。M 即可以表示为一个三元组 M = < U_M，$Name_M$，$Pred_M$ >。了解了 M 的构成后，我们来看什么是可证实或被确认。

可证实或被确定的定义需要一系列准备定义，我们先来看 DRS 的形成定义，也就是 DRS 的严格构成定义。DRS 的构成要素为：给定语言的词汇 V 和话语所指的集合 R。其中，V 包括名称、一元谓词、二元谓词。由 DRS 的构成要素 V 和 R，可以形成 DRS 的条件，再由 DRS - 条件进一步组合成 DRS。

定义 2.3.1

（i）一个限制在 V 和 R 上的 DRS K 是一个有序对 < U_K，Con_K >，其

中 U_K 是 R 的一个子集，也可能为空集；Con_K 是限制在 V 和 R 上的一个 DRS – 条件的集合。

（ii）一个限制在 V 和 R 上的 DRS – 条件是下列形式的表达式之一：

（a）x = y，其中 x、y 属于 R；

（b）π(x)，其中 x 属于 R，π 是 V 中的一个名称；

（c）η(x)，其中 x 属于 R，η 是 V 中相当于通名的一个一元谓词；

（d）xζ，其中 x 属于 R，ζ 是 V 中相当于不及物动词的一个一元谓词；

（e）xξy，其中 x、y 属于 R，ξ 是 V 中的一个二元谓词；

（f）¬ K，其中 K 是一个限制在 V 和 R 上的一个 DRS。

其中，最后一种形式称为复杂条件，当中的 K 称为主 DRS 或基本 DRS；其余形式的表达式称为简单条件或原子条件。

一般来说，出现在一个 DRS – 条件中的每一个话语所指也都出现在其论域中，但在否定句中，情况就变得复杂了。如否定句（8）的 DRS（8.4），其中"¬"符号后面的图框中的子 DRS – 条件"x owns y"中的话语所指 x 并没有在该图框的论域中。为了说明否定句的情况，先给出"话语所指自由"的定义。

定义 2.3.2

（i）话语所指 z 在一个 DRS K 中是自由的，当且仅当它在 Con_K 中的某个条件中是自由的，且 z 不属于 U_K。

（ii）如果 γ 是一个 DRS – 条件，z 是一个话语所指，那么 z 在 γ 中是自由的，当且仅当

（a）γ 形如 x = y，且 z 是 x 或 z 是 y；

（b）γ 形如 π(x)，且 z 是 x；

（c）γ 形如 η(x)，且 z 是 x；

（d）γ 形如 xζ，且 z 是 x；

（e）γ 形如 xξy，且 z 是 x 或 z 是 y；

（f）γ 形如 ¬ K，且 z 在 K 中是自由的。

由于一个自由的话语所指没有"专门的落脚点"（proper home），所以它就没有确定性的语义角色，并且使得整个 DRS 没有确定的命题内

容，基于此，我们来看合适的 DRS 的定义。

定义 2.3.3

一个 DRS 是合式的（proper），当且仅当该 DRS 中没有自由的话语所指。

DRS 的恰当性保证了 DRS 所表达的命题有确定的内容，这就为 DRS 的语义解释提供了可行性。

最后我们来看看什么是嵌套（embedding）。嵌套的概念基本上同现代模型论中的函数。函数可以看成由论元与函数值构成的有序对的集合。如果给两个函数 f 和 g 指派同一个论元 a，即 a 既属于 Dom(f) 又属于 Dom(g)，则 f(a) = g(a)，此时我们说函数 f 和 g 是相容的。如果 g 的定义域包含 f 的定义域，则称 g 是 f 的一个扩展。

有了上面的定义，我们就可以来看 DRS 和 DRS – 条件可"被确认"或"可证实"的定义。

定义 2.3.4

令 K 是限制在 V 和 R 上的一个 DRS，令 γ 为一个 DRS – 条件，令 f 是从 R 到 M 的一个嵌套（可能为部分地嵌套），即 f 是这样一个函数，其定义域在 R 中，其值域在 U_M 中。

（i）f 在 M 中确认 DRS K，当且仅当 f 在 M 中确认 Con_K 中的每一个条件。

（ii）f 在 M 中确认 γ，当且仅当

（a）γ 形如 x = y，且 f 将 x 和 y 映射到 U_M 中的同一个元素；

（b）γ 形如 $\pi(x)$，且 f 将 x 映射到 U_M 中的一个元素 a，使得 $<\pi, a>$ 属于 $Name_M$；

（c）γ 形如 $\eta(x)$，且 f 将 x 映射到 U_M 中的一个元素 a，使得 a 属于 $Pred_M(\eta)$；

（d）γ 形如 xζ，且 f 将 x 映射到 U_M 中的一个元素 a，使得 a 属于 $Pred_M(\zeta)$；

（e）γ 形如 xξy，且 f 将 x 和 y 映射到 U_M 中的元素 a 和 b，使得 $<a, b>$ 属于 $Pred_M(\xi)$；

（f）γ 形如 $\neg K'$，不存在从 R 到 M 的嵌套 g，其中 g 是 f 的一个扩

展，使得 Dom(g) ＝Dom(f)∪U$_{K'}$，g 在 M 中确认 K'。

例如，语句（12）"Jones likes Marry. He doesn't own a book" 的第一小句的 DRS 为（12.1）：

（12.1）

我们先来证明在下述模型 **M'** ＝＜**U$_{M'}$**，**Name$_{M'}$**，**Pred$_{M'}$**＞中，存在一个（12.1）的嵌套。

·**U$_{M'}$**是个体集合 {a，b，c，d，e}。

·**Name$_{M'}$**是有序对集合 {＜**Jones**，a＞，＜**Marry**，b＞，＜**Smith**，d＞，＜**Clara**，e＞}。

·**Pred$_{M'}$**是下述有序对的集合：

（i）有序对 ＜**likes**，likes$_{M'}$＞，其中 likes$_{M'}$是集合 {＜a，b＞，＜a，d＞，＜e，b＞}；

（ii）有序对 ＜**own**，own$_{M'}$＞，其中 own$_{M'}$是集合 {＜b，c＞，＜d，b＞，＜e，a＞，＜a，e＞，＜e，c＞}；

（iii）有序对 ＜**book**，book$_{M'}$＞，其中 book$_{M'}$是集合 {c}，即该集合中只有个体 c 一个元素。

很容易得出，函数 f（即将话语所指 x 映射到个体 a，话语所指 y 映射到个体 b）是 U$_{(12.1)}$在 M'中的嵌套函数，使得 Con$_{(12.1)}$中的所有条件在 M'中被确认或证实：＜**Jones**，f(x)＞和＜**Marry**，f(y)＞属于 **Name$_{M'}$**，且＜f(x)，f(y)＞属于 **likes$_{M'}$**。接下来看复杂条件 ¬K，见该语句完整的 DRS 为：

（12.2）

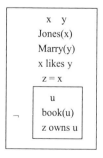

（12.2）被这样一个嵌套函数 f 所确认，f 将话语所指 z 和 x 映射到个体 a，将话语所指 y 映射到个体 b，很明显，前四个条件被确认：$<$**Jones**$, f(x)>$ 和 $<$**Marry**$, f(y)>$ 属于 **Name**$_{M'}$，$<f(x), f(y)>$ 属于 **likes**$_{M'}$，且 x 和 z 被映射到同一个元素。为了证明 f 证实或确认（12.2）中的最后一个条件，也就是：

（12.3）

$$\neg \boxed{\begin{array}{c} u \\ book(u) \\ z\ owns\ u \end{array}}$$

我们需要证明不存在从 $\{x, y, z, u\}$ 到 U_M 的嵌套函数 g，它是 f 的一个扩展，使得 Dom（g）= Dom（f）$\cup U_{(12.3)}$，g 在 M′ 中确认 DRS（12.3）中"¬"辖域内的部分，即：

（12.4）

$$\boxed{\begin{array}{c} u \\ book(u) \\ z\ owns\ u \end{array}}$$

假定存在这样的嵌套函数 g 在 M′ 中确认（12.4），则要确认"book(u)"，就必有 g(u) = c，要确认"z owns u"，就必有 $<g(z), g(u)>$ 属于 owns$_{M'}$，由于 g 是 f 的扩展，则 g(z) = f(z) = f(x) = a，由 g(u) = c，g(z) = a 得知，$<a, c>$ 属于 owns$_{M'}$，但由 owns$_{M'}$ 的外延可知 $<a, c>$ 不属于 owns$_{M'}$，出现矛盾，所以不存在这样的嵌套函数 g。

若将模型 M′ 稍做改动，改为 M″ = $<U_{M''},$ **Name**$_{M''},$ **Pred**$_{M''}>$，其中 $U_{M''}$ 同 $U_{M'}$，**Name**$_{M''}$ 同 **Name**$_{M'}$，**Pred**$_{M''}$ 仅在 **Pred**$_{M'}$ 的基础上，在（ii）的有序对集合中增加一个有序对 $<a, h>$，在（iii）中 book$_{M'}$ 的外延中增加元素 h。这样，容易看出（12.2）在 M″ 中无法被确认或证实。因为存在嵌套函数 j，确认（12.4），即将 u 映射到 h，所以 f 不确认（12.3），因为要确认（12.2）中的其他条件，f 将 a 映射给 x 和 z，将 d 映射给 y。这就导致没有一个嵌套能确认（12.2）中的所有条件，因此没有一个嵌套函数能够确认或证实（12.2）。

下面来看模型 M 中的一个合式 DRS 的真的定义。

定义 2.3.5

令 K 是限制在 V 和 R 上的一个合式 DRS，M 是 V 的一个模型。我们说 K 在 M 中为真，当且仅当存在一个从 R 到 M 的嵌套 f，使得 Dom(f) = U_K，且 f 在 M 中确认或证实 K。

有了模型中真的定义，就可以定义两个在语义学和逻辑学中非常重要的定义，逻辑后承（logical consequence）和逻辑真（logical truth）。如果一个表达式在所有模型中都真，则该表达式为逻辑真；如果一个表达式在使得某个其他表达式（或此种表达式的集合）为真的所有模型中均为真，则前者是后者的一个逻辑后承。

由于逻辑真和逻辑后承是在定义 2.3.5 的基础上进行的，而定义 2.3.5 涉及一个参数——词汇 V，所以逻辑真和逻辑后承的定义也要与这一参数有关。这样，我们将考虑与某个词汇 V 及话语所指集 R 相关的 DRS。

定义 2.3.6

（i）一个 DRS 是逻辑真的，当且仅当其在所有的 V 模型中为真；

（ii）一个 DRS K 是 DRSs K_1, …, K_n 的逻辑后承，当且仅当对于 V 的每个模型 M，如果 K_1, …, K_n 在 M 中都真，则 K 也真。

这里定义逻辑真和逻辑后承不是为了 2.3.5 和 2.3.6 能够直接应用于 DRS，而是为了这些 DRS 得以衍生出来的语句和话语。然而，自然语言常常是有歧义的，而我们得到的 DRS 可以免于这种情况，但涉及代词的回指照应问题时仍会存在有歧义的现象。这样，当一个话语有歧义的时候，我们的构造规则允许我们从话语中得出两个或更多个不等价的 DRS（如果两个 DRS 确定了不同的真值条件，我们就称这两个 DRS 是不等价的，这样就存在模型使得一个 DRS 在其中为真，而另一个则为假），尽管该话语中的每一个句子都有唯一的语法分析。所以，如果没有限制条件，我们不能谈论一个有歧义的话语的真值条件，而只能谈论从其中衍生出来的某个特定的 DRS。这样我们就得到了在一模型中，一语句在某种解释下为真的定义。

定义 2.3.7

令 D 是一话语，其名称和谓词都属于词汇 V，令 K 是由 D 得到的一个 DRS，且令 M 为一个 V 模型，那么，D 在 M 中据解释 K 为真，当且仅当 K 在 M 中为真。

只有当由 D 构造出来的所有 DRS 都是等价的，我们才能绝对地说 D 在 M 中的真与假。如果两个 DRS K_1 与 K_2，其中一个能够通过用另外的话语所指置换掉它的某些或所有话语所指而成为另一个 DRS，则称这两个 DRS 是本质相同的或等价的。也就是说，如果存在一个从 K_1 的话语所指到 K_2 的话语所指一一对应的函数 g，使得 K_2 是通过将 K_1 中的每一个话语所指 u 用相应的所指 g(u) 来替换而得来的，那么这两个 DRS 是本质相同的或等价的。

根据定义，两个 DRS 本质相同也叫作互为易字变异体（alphabetic variants）。所以，如果 D 是一话语，由 D 衍生来的任何两个 DRS 都是易字变异体，那么可以不考虑 DRS 来谈论 D 的真与假，而这样的话语称为无歧义（unambiguous）话语。

定义 2.3.8

一个话语 D 是无歧义的，当且仅当由其衍生出的任何两个 DRS 都是易字变异体。

那么 D 在模型中的真与假可做如下定义。

定义 2.3.9

假定 D 是一个无歧义的话语，M 是一词汇 V 的模型，其中，V 包含 D 中出现的所有名称和谓词，那么 D 在 M 中为真，当且仅当由 D 衍生出的任何 DRS 在 M 中都真，否则 D 在 M 中为假。

根据定义考察了否定句的 DRS K 在模型中的可确认或可证实及真与假后，我们来看看条件句的情况。根据定义，f 在 M 中确认 DRS K，当且仅当 f 确认了每一个 K 条件。直觉上来看，形如 $K_1 \Rightarrow K_2$ 的条件的证实或确认是说该条件被满足，也就是说，K_1 所给的"条件描述"（situation description）的满足带有由 K_2 所给的描述的满足。这里谈到的满足的过程是，满足 M 中 K_1 所给定的条件描述就是要将 M 的元素与 DRS K_1 的话语所指相联合，使得 K_1 的条件在 M 中被满足。K_2 的过程与此类似。因此，理解蕴含条件 $K_1 \Rightarrow K_2$ 的满足的自然方式是，确认或证实 K_1 条件对 K_1 话语所指的任何赋值 g 导致 M 中 K_2 的满足。

如果 K_2 中含有新的话语所指，那么除了 K_1 的话语所指已有的赋值，也要有新话语所指的赋值，这时，赋值 g 可以扩展为赋值 h，h 将 K_2 的新的话语所指也考虑在内，使得 h 确认或证实 K_2 的条件。在给出条件句的确认定义前，还要来看看给定赋值函数 f 如何确认或证实 $K_1 \Rightarrow K_2$，也就是与给定赋值 f 相关的满足（satisfaction relative to the given assignment f）：f 已经将在条件 K_1 和 K_2 中出现的某些话语所指赋值给 M 中的元素，当考虑 K2 的可能的满足情况时，这些赋值就已经是固定的了。也就是说，我们前面提到的扩展 g 必须是 f 的一个扩展，该扩展将 M 中的元素与那些 K_1 中已经被 f 赋值的但不在更大的 DRS 中出现的话语所指相联合。

考虑了这些问题之后，我们来看条件句的确认或证实的定义。

定义 2.3.10

f 在 M 中确认或证实 $K_1 \Rightarrow K_2$，当且仅当对于 f 的每一个扩展 g，Dom（g）＝ Dom（f）$\cup U_{K1}$，且 g 在 M 中确认或证实 K_1，存在一个 g 的扩展 h，Dom（h）＝ Dom（g）$\cup U_{K2}$，且 h 在 M 中确认或证实 K_2。

将定义 2.3.10 与定义 2.3.4 合并，得出下面的定义。

定义 2.3.11

令 K、γ、M 同定义 2.3.4，f 是从 K 到 M 的一个嵌套函数：

（ i ）同定义 2.3.4；

（ ii ）f 在 M 中确认或证实 γ，当且仅当

（ a ）…（ f ）同定义 2.3.4，

（ g ）γ 形如 $K_1 \Rightarrow K_2$，对于 f 的每一个扩展 g，Dom（g）＝ Dom（f）$\cup U_{K1}$，且 g 在 M 中确认或证实 K_1，存在一个 g 的扩展 h，Dom（h）＝ Dom（g）$\cup U_{K2}$，且 h 在 M 中确认或证实 K_2。

有了上述定义后，合式的 DRS K 在模型 M 中的真同定义 2.3.5，逻辑后承与逻辑真的定义同定义 2.3.6。

条件句的可确认或可证实及在模型中的真的定义，适用于前、后件或者说前提和结论间存在回指照应关系，而自然语言中很多条件句并没有这种关系。例如语句：

（13）If Jones owns an English book then Smith owns a Chinese dictionary.

由于前提和结论间没有回指照应的关联，那么对给定函数 f（即对 Jones

和 Smith 进行赋值）的扩展 g（即在 f 的基础上对前件中的 English book 进行赋值）来说，其扩展 h（即在 f 的基础上对后件中的 Chinese diction-ary 进行赋值，而不必考虑 g 对 English book 已有的赋值）并不依靠 g，这与定义 2.3.10 不一致。所以，对于前、后件或者说前提和结论间没有回指照应关联的条件句来说，其"可确认或可证实"与"真"之间的关系可以非形式地表述为：或者前提假，或者结论真。

遵循这一真值条件定义的条件句，即它等价于其后件与前件的否定的析取式，被称为"实质条件句"或"实质蕴含"（material condition-al）。然而一些人认为，自然语言中以 if 和 then 连接的这类条件句，一般不称为实质条件句。如语句（13）不能理解为与下面语句同义：

（14）Either Jones does not own an English book or Smith owns a Chinese dictionary.

语句（13）表达了 Smith's owning a Chinese dictionary 以某种方式取决于 Jones's owning an English book，而（14）并没有捕捉到这种依存关系；而且（13）还暗示，在每一个 Jones owns an English book 的可能情境中，情况 Smith owns a Chinese dictionary 也存在。

关于实质条件句能否用来表示自然语言的条件句的争论几乎与形式逻辑一样古老了，许多传统的反对实质条件句的论证是经不起推敲的。实际上，自然语言的条件句一般不是实质条件句的观点部分源于对"真"（truth）和"信息"（information）的单边视角（one-sided per-spective），这一视角没有清楚地区分"一个语句或话语所提供的信息"与"其所表达的内容是真是假的问题"。而 DRT 中与语句、话语或文本关联的 DRS 具有双重角色：一方面，DRS 服务于识别其衍生而来的语言片段的真值条件；另一方面，它们捕获接收者在处理到达他们那里的语言片段时所得到的信息，因此领会了该语言片段所承载的内容。我们可以很自然地将这一信息作为对接收者的一种告知，不仅告知其关于现实世界的信息，而且告知其与未来他将处理的信息相关联的其他世界的信息，而在每个这样的世界中，前提的真携带着结论的真。

下面我们来看看全称量词 every 的情况。全称量词常用"$\forall$"来表示，一个含有全称量词的表达式为 $\forall \alpha_1, \cdots, \alpha_n \varphi$，其中 $\alpha_1, \cdots, \alpha_n$ 为变

元，φ 是一个公式。

那么，全称语句在模型中的确认或证实可做如下理解。

定义 2.3.12

f 在 M 中确认或证实 ∀α₁，…，αₙφ，当且仅当每一个 f 的扩展 g，Dom(g) = Dom(f)∪{α₁，…，αₙ}，g 在 M 中确认或证实 φ。

这里先要说明下公式 φ，根据 CR. EVERY 规则，φ 是 Conₖ引入的新条件 K₁⇒K₂。

定义 2.3.13

令 K₁⇒K₂是一个蕴含条件，其中 K₁ = < U₁，Con₁ >，U₁由话语所指 α₁，…，αₙ构成，Con₁由条件 γ₁，…，γₘ构成，那么 φ 是 K₁⇒K₂的一个翻译，当且仅当 φ 是形如 ∀α₁，…，αₙ（（ψ₁&ψ₂…ψₘ）→φ）的一个公式，其中对于 i = 1，…，m，ψᵢ是 γᵢ的一个翻译，且 φ 是 K₂的翻译。

例如语句（15）Every professor who knows English uses it. 其 DRS 为：

（15.1）

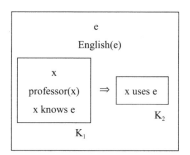

由于我们在文中没有提及存在量词，所以图框中的专名 English 暂不处理，则上述 DRS 对应的翻译为 ∀x（（professor（x）& x knows English）→x uses English），那么对于模型 **M** = < **U**ₘ，**Name**ₘ，**Pred**ₘ >，可理解如下。

·**U**ₘ是个体集合 {a，b，c，e}。

·**Name**ₘ是有序对集合 {< **English**，e >}。

·**Pred**ₘ是下述有序对的集合：

（i）有序对 < **knows**，knowsₘ >，其中 knowsₘ是集合 {< a，e >，< b，e >}；

(ii) 有序对 < **uses**, uses$_M$ > , 其中 uses$_M$ 是集合 {<a, e>, <b, e>};

(iii) 有序对 < **professor**, professor$_M$ > , 其中 professor$_M$ 是集合 {a, b, c}。

根据定义 2.3.12, 嵌套函数 f 把 English 赋值给 e, 其扩展函数 g 将 x 分别赋值给 a、b 即可完成确认或证实的任务。因为 a、b 同时满足属于 professor$_M$ 和 <a, e>, <b, e> 属于 knows$_M$, 即满足条件句的前件, 且 <a, e>, <b, e> 也都属于 uses$_M$, 即满足后件, 则该赋值在 M 中确认或证实了 (professor (x) & x knows English) → x uses English。

若将模型 M 调整为 **M′** = < **U$_{M′}$**, **Name$_{M′}$**, **Pred$_{M′}$** > , 则仅需要在 M 的基础上将 knows$_M$ 集合调整为 {<a, e>, <b, e>, <c, e>}, 其余部分保持不变, 相应的 M 标记改为 **M′**。此时就不存在 f 的一个扩展 g′, 使得 g′ 在 **M′** 中确认或证实 (professor(x) & x knows English) → x uses English, 由于满足前件两个条件的个体 c, 有序对 <c, e> 不属于 uses$_{M′}$。

第四节　DRT 对英语驴子句的处理

给出了 DRT 中与英语驴子句相关的句法规则与 DRS 及其在模型中的解释后, 我们来看 DRT 是如何处理两类英语驴子句的。

一　DRT 对两类驴子句的处理

最初的英语驴子句为语句 (1) "Every farmer who owns a donkey beats it", 被称为关系句驴子句, 经典的驴子句还有一种为条件句驴子句, 我们这里列举 DRT 中提及的例子:

(16) If a farmer owns a donkey then he beats it.

我们先来看条件句驴子句 (16), 根据 CR. COND 规则, (16) 要表示为 DRS$_{S1}$⇒DRS$_{S2}$ 的形式。我们先来看小句 S$_1$ "a farmer owns a donkey", 其句法结构为:

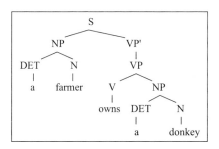

运用 CR. ID 及 CR. LIN 规则得到该小句的 DRS 图框为：

（16.1）

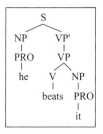

再来看小句 S_2 "he beats it"，其句法结构为：

根据 CR. PRO 规则，得 S_2 的 DRS 图框为：

（16.2）

将（16.1）与（16.2）合并得语句（16）的 DRS 图框为：

（16.3）

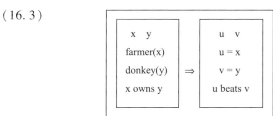

DRT 对条件句驴子句的处理方法，不涉及量词问题，而是通过引入两个等式条件，将小句 S_2 中的代词与 S_1 中的名词相关联，体现了代词与名词间的指代照应关系，自然就避免了人们对传统谓词逻辑对自然语言量化表达式的一般性处理的责难。

至于条件句驴子句的 DRS 在模型中的解释，我们可以看模型 **M** = < U_M，**Name$_M$**，**Pred$_M$** >。

　　·U_M 是个体集合 $\{a, b, c, e\}$。

　　·**Name$_M$** 是有序对集合 $\{< Jones, e >\}$。

　　·**Pred$_M$** 是下述有序对的集合：

（i）有序对 < **owns**, owns$_M$ >，其中 owns$_M$ 是集合 $\{<a, b>, <a, c>\}$；

（ii）有序对 < **beats**, beats$_M$ >，其中 beats$_M$ 是集合 $\{<a, b>, <a, c>\}$；

（iii）有序对 < **farmer**, farmer$_M$ >，其中 farmer$_M$ 是集合 $\{a\}$；

（iv）有序对 < **donkey**, donkey$_M$ >，其中 donkey$_M$ 是集合 $\{b, c\}$。

存在一个嵌套函数 f 使得 DRS（16.3）在该模型中被确认或证实，也即 DRS（16.3）在模型 M 中为真。只要嵌套函数 f 将 x 和 u 映射到 a，y 映射到 b、c，v 也映射到 b 和 c，则 DRS（16.3）中所有条件均被确认，故 DRS（16.3）在模型 M 中为真。

若对上面的模型 M 进行改动，则得到模型 **M′** < $U_{M'}$，**Name$_{M'}$**，**Pred$_{M'}$** >。

　　·$U_{M'}$ 是个体集合 $\{a, b, c, d, e, j, r\}$。

　　·**Name$_{M'}$** 是有序对集合 $\{< Jones, e >\}$。

　　·**Pred$_{M'}$** 是下述有序对的集合：

（i）有序对 < **owns**, owns$_{M'}$ >，其中 owns$_{M'}$ 是集合 $\{<a, b>, <a, c>, <d, j>, <d, r>\}$；

（ii）有序对 < **beats**, beats$_{M'}$ >，其中 beats$_{M'}$ 是集合 $\{<a, b>, <a, c>, <d, j>\}$；

（iii）有序对 < **farmer**, farmer$_{M'}$ >，其中 farmer$_{M'}$ 是集合 $\{a, d\}$；

（iv）有序对 < **donkey**, donkey$_{M'}$ >，其中 donkey$_{M'}$ 是集合 $\{b, c, j, r\}$。

不存在这样一个嵌套函数 f′ 使得 DRS（16.3）在该模型中被确认或证实，也即 DRS（16.3）在模型 M 中为真。假设存在这样的 f′，则当 x 和 u 都被映射到 a, y 被映射到 b 和 c, v 也被映射到 b 和 c 时，出现在集合 owns$_M$ 中的有序对 <a, b>, <a, c> 要同样出现在 beats$_M$ 的集合中；而当 x 和 u 都被映射到 b, y 被映射到 j 和 r, v 也被映射到 j 和 r 时，出现在集合 owns$_M$ 中的有序对 <d, j>, <d, r> 要同样出现在 beats$_M$ 的集合中，但由（ii）可见，<d, r> 不属于 beats$_M$，出现矛盾，所以不存在这样的嵌套函数 f′ 使得 DRS（16.3）在模型 M 中为真。这样看来，DRT 对条件句驴子句的处理方法，对其成真的条件要求是有驴子的农夫抽打他所拥有的每一头驴子，也就是将条件句驴子句做全称解读。

　　下面来看全称量化关系句驴子句（1）"Every farmer who owns a donkey beats it"，根据 CR. NRC 和 CR. EVERY 规则，得到该语句的 DRS 图框为：

（1.1）

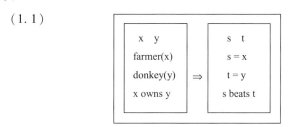

根据定义 2.3.13，驴子句（1）的 DRS 图框（1.1）的翻译就为：

$$\forall xy((\,farmer(x)\,\&\,donkey(y)\,\&\,owns(x,y)\,)\rightarrow\exists st(\,s=x\,\&\,t=y\,\&\,beats(s,t)\,))$$

这样的翻译就避免了传统谓词逻辑将 "a" 翻译为存在量词而不能管辖语句中的代词，同时也解决了有关量词及联结词辖域过窄或过宽的问题。DRT 对语句的处理是从句法入手，根据 DRS 构造规则对句子进行处理，得到语句的 DRS 图框，再根据 DRS 图框的一阶谓词翻译规则，得到语句的一阶表达式，然而此时的翻译不是从自然语言语句直接到一阶表达式，而是从语句到 DRS 再到形式翻译，这样能更自然地表现自然语言语句所表达的含义。

　　由语句（16）和（1）的 DRS 图框（16.3）和（1.1）可以看出，两个语句的 DRS 图框是等价的或者说两者是易字变异体，这就意味着它们具有同样的真值条件，两种类型的驴子句也就有同样的一阶表达式。根据条件句驴子句成真的条件可以得出，全称量化关系句驴子句为真同样要求所有有驴子的农夫抽打其所拥有的每一头驴子，同样做全称解读。而根据第二节提到的有关可及的定义，驴子句的 DRS 图框可以简化表示为：

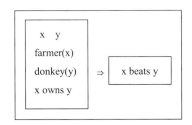

其相应的一阶谓词表达式为：

$$\forall xy((farmer(x)\&donkey(y)\&owns(x,y))\rightarrow beats(x,y))$$

这一图框更清楚地表现出右边图框中的代词 x 和 y 与左边图框中的 farmer(x) 与 donkey(y) 保持同频变化，代词与其相称的先行词间的指代照应关系一目了然。

二　DRT 对比例问题的处理

古典 DRT 对全称量化关系句驴子句（1）的处理是要求全称量词"every"不仅约束相关联的谓语"farmer who owns a donkey"，而且约束由谓语相关自由变元"a donkey"引入的变元，所以语句（1）的逻辑形式为：

$$Every\ x,y(farmer(x)\&donkey(y)\&x\ owns\ y)(x\ beats\ y)$$

这一解释要求量词"every"约束多个变元。由于这种 DRT 方法要求不定词通过约束其内部变元的其他元素而得到自身的明显量化力量，这就预示着，当关系句驴子句中出现不同的冠词时，不定词应该表现出具有新冠词的量化力量。例如语句（1′）"Most farmers who owns a donkey beats it"，这里该语句成真的条件是，满足大部分（most）农夫（farmer）和其所拥有的驴子（donkeys they owns）组成的有序对，都满足农夫抽打（beat）驴子，但这显然是不正确的。如果有十个农夫，其中九个农夫每人有一头驴子，且从不抽打它们，而另一个农夫有十头驴子，并且抽打它们每一个，根据古典 DRT 对语句（1′）成真条件的判断，由于农夫与其拥有的驴子构成的有序对为 19 对，而满足抽打的有序对为 10 对，这样在上述描述的情况下，该语句为真，然而我们直觉上来判断，语句（1′）在此种情况下为假。这就是人们对古典 DRT 处理驴子句方法的"比例问题"（the proportion prolbem）的责难。

　　针对这一问题，本章中提及的 DRT 理论有其自己的处理方法。Kamp and Reyle（1993）给出了广义量词的处理方法，我们前面提到的全称量词 every 也属于广义量词范畴，这里我们主要以 most 为例，稍带 every 来介绍相关理论。

　　广义量词是两个集合间的一种关系［A generalized quantifier is relation between two sets（Van Benthem & ter Meulen，1985）］。这就要求广义量词在句法上连接两个可以解释为确定性集合的表达式。那么语句

（17）Most planets are farther from the sun than the earth

可以用下面的公式表示：

（17.1）$\overset{\text{Most}}{x}$（planet（x），x is farther from the sun than the earth）

DRT 用复式条件（duplex conditons）来表示含有广义量词的语句。复式条件连接两个确定性集合的表达式的方式是，将量词放置在两个次级 DRS 中间。这样语句

（18）Jones has found most books which Susan needs

的复式条件表示为：

（18.1）

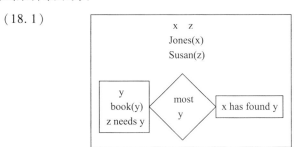

这样，由包含量词 most 的菱形所连接的两个 DRS 中的每一个都定义了一个集合，也就是说，所有 y 的可能的值组成的集合能够被扩展到所求解问题中的 DRS 的一个恰当的嵌套。那么存在这样的一个适当的嵌套函数

f 能够确认或证实（18.1）中的条件（即 f 将对象赋值给话语所指 x 和 z），当且仅当对于大部分的对象 a 来说，存在一个能够确认或证实左边 DRS 的扩展函数 g，g = f∪｜<y，a>｝，且 g 的某个扩展 h 也能确认或证实右边的 DRS。

一般来说，令一个复式条件的表达式为

（¤）

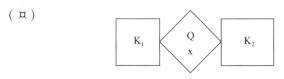

假定 Q 是由广义量词 R 所解释的量词符号，令 M 是一个模型，f 是将 K_1 和 K_2 的自由变元映射到 U_M 的元素上的一个函数，那么可得如下定义。

定义 2.4.1

f 在 M 中确认或证实（¤），当且仅当集合 A 和 B 间存在 R 关系，其中：

（i）A =｜a：∃g（g≥U_{K1}（f ∪｜<x，a>｝））& g 在 M 中确认或证实 K_1｝；

（ii）B =｜a：∃g（g≥U_{K1}（f ∪｜<x，a>｝））& g 在 M 中确认或证实 K_1 & ∃h（h≥U_{K2} g & h 在 M 中确认或证实 K_2）｝。

用复式条件及定义 2.4.1 中条件的语义进行的量词表示意味着解释这一条件的广义量词 R 也可以通过满足下列性质的方式获得：

（◇）对于任何集合 A 和 B，R（A，B）当且仅当 R（A，A∩B）

假定（¤）的确认或证实条件如定义 2.4.1，并且令 R′为这样一种关系：

（△）对于任何集合 A 和 B，R′（A，B）当且仅当 R（A，A∩B）

这样，定义 2.4.1 就等价于用 R′来替换 R 所得到的条件，且 R′满足（◇）。

Barwise 和 Cooper（1981）将满足这一性质的广义量词称为依赖其首个论元 A 的量词，并且假定自然语言中的所有量词都遵循这一限制。DRT 这样处理量化问题的原因正如前面讨论条件句和全称量化问题时谈到的那样：表示一个条件句或全称语句的复杂条件的右边 DRS 中出现的物料应该是视为一情境的一个添加的描述，而这个描述中的部分内容已经是左边的 DRS 所描述的状况。而这也就合理地解释了左边 DRS 的话语所指可及右边 DRS 图框中的条件，反之则不成立。

对量化语句及表示它们的复式条件的观点必然要求这类结构的确认或证实条件将确认或证实左、右两边 DRS 中的 DRS – 条件的那些情境关联到一个由所有只需要回应左边 DRS 的条件的情境构成的超级集合（superset）。而很明显，这样的确认或证实条件总是能被投射到定义 2.4.1 的形式上，且 R 满足（◇）。

DRT 给出了真值为"真"（即具有性质值 Quant = +）的量化冠词的一个构成规则，表示如下：

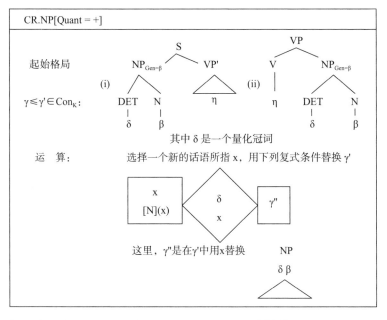

按下来我们看看复式条件的语义。DRT 对量化冠词的处理类似名词和动词，即假定语言片段的词汇包括一些量化冠词，而这些冠词并不在一个固定的详细指定的列表中。量化冠词可以以这种方式处理是因为 DRT 有一个关于量化冠词如何被翻译的一般概念，即广义量词或是集合间的二元关系。令 DRS 词汇 V 是包括量化冠词的一个特定集合，每一个 V 相关的模型 M 有一个附加组成成分——$Quant_M$，它将 U_M 子集间的一个关系指派给基于词汇 V 的 DRS 中的每一个量化冠词，同时需要在这样的模型上加些一般的限制，大部分量化冠词都有一种逻辑（logical）意义，这种意义是固定的，独立于我们碰巧所谈论的世界或情境的可能事件，并且这种意义在所有模型中都应该是相同的。例如，冠词 every 和 all，总是应该解释为全称量词，也就是说，对于每个模型 M 来说，应该有：

$$\text{Quant}_M(\text{every}) = \text{Quant}_M(\text{all}) = \{<A, B> : A \leq U_M \ \& \ B \leq U_M \ \& \ A \leq A \cap B \}$$

而对于冠词 most 来说，其意义应该为：

$$\text{Quant}_M(\text{most}) = \{<A, B> : |A \cap B| > |A \backslash B| \}$$

但要注意的是，这里要对 Quant_M（most）施加一个弱限制，即要求 A 为有穷集合。

在上面提到复式条件的一般表现形式（¤）时，中间部分即菱形部分中的话语所指 x 至关重要。话语所指 x 在那儿的出现预示着集合 A 和 B 将如何被定义，而复式条件中菱形部分所提到的变元也将影响两集合的基数算法，从而影响两集合间关系的判断，即两集合 A、B 间是否存在广义量词 R 所表示的 Q 关系。例如：

（19）Most linguistics students who are taking a course in syntax are miserable.

其 DRS 图框为：

（19.1）

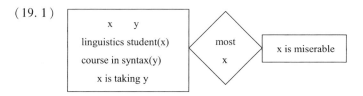

假设有 80 个语言学学生，其中 60 个在修一门句法课，并且感觉很痛苦，而另外 20 个学生每人修 3 门句法课，并且很开心，在这一情境下，直觉就可以判断出语句（19）为真。根据定义 2.4.1，（19.1）在上述情境下的确为真。这里菱形中出现的 x 非常重要，因为这样，我们才能确切地计算出正确的对象（count the right objects）。根据定义 2.4.1，我们得到 A 为所有进修一门或更多句法课的语言学学生的集合，B 是所有那些在

集合 A 中感觉痛苦的学生的集合。这样如果 < A，B > 属于 most 所表达的广义量词，那么语句（19）就为真，也就是当且仅当 B 大于 A 的一半。所以，与语句（19）的真有关的数量是集合 A 和 B 的基数，通过使用 A 的基数，我们计算的是话语所指 x 的不同可能示例，而不是计算 y 的示例，也不是计算有序对 < b，c >，其中 b 是一个语言学学生，c 是一门句法课，并且 b 在进修 c。

下面我们考虑全称量化关系句驴子句：

（1）Every farmer who owns a donkey beats it.

前面我们提到，语句（1）的真值条件是，对于所有的 x 和 y，如果 x 是一个农夫且 y 是一头驴同时 x 拥有 y，那么 x 抽打 y。用复式条件表现该语句的 DRS 为：

（1.2）

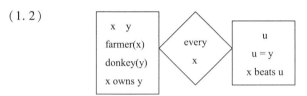

根据定义 2.4.1 和全称量词的解释，即 $\text{Quant}_M(\text{every}) = \{ < A，B > : A \leqslant A \cap B \}$，（1.2）为真，当且仅当拥有驴子的农夫的集合 A 包含于拥有驴子且抽打他们的农夫的集合 B。而这一条件对于语句（1）来说是错误的。因为根据定义 2.4.1 的真值条件要求，语句（1）在下面的情境中也为真：如果每个农夫都拥有至少一头驴子，比如说超过 10 头，但他们都只抽打所拥有的一头驴子。这显然与语句（1）所表示的含义不符。因此，对于驴子句来说，定义 2.4.1 的真值条件是不正确的。按照之前我们给出的全称量化关系句驴子句（1）成真的条件，定义 2.4.1 应该改为下面的定义。

定义 2.4.2

f 在 M 中被确认或证实（¤），当且仅当集合 A 和 B 间存在 R 关系，其中：

（i）$A = \{ b : b \in U_M \& \exists g \left((f \cup \{ < x，b > \}) \leqslant_{U_{K1 - \{x\}}} g \& g$ 在 M 中确认或证实 $K_1) \}$；

（ii）B = ｛b: b∈U$_M$&∃g（（f∪｛<x, b>｝）≤U$_{K1-｛x｝}$g & g 在 M 中确认或证实 K$_1$）& ∀g（（f∪｛<x, b>｝≤U$_{K1-｛x｝}$g）→∃h（g≤U$_{K2}$h & h 在 M 中确认或证实 K$_2$））｝。

如果要保持前面提到的语句（1）的真值条件，就应该采用定义 2.4.2 作为复式条件一般的确认或证实解释。

下面来看语句（1′）"Most farmers who owns a donkey beats it"，我们发现，当涉及拥有不止一头驴子的农夫们时，上述语句的真假就变得难以分清。但表面上看，这样的语句与"唯一性效应"（uniqueness effect）有关，一个是语句中的名词短语的句法单数性——"a don-key"，另一是该不定名词与照应性单数代词"it"间的关联，这些都使得语句（1′）不能与拥有不止一头驴子的农夫们有关系（Heim，1990；Kadmon，1990）。而该语句的复数形式（1″）"Most farmers who own donkeys beat them"更不符合与单数"a donkey"有关的限制。而且语句（1″）的真值条件也不是很清楚，因为有可能 most 表示的是 x 和 Y 之间的一种关系，这里 Y 是 x 所拥有的驴子的聚合，那么并不要求 x 抽打 Y 中的每一头驴子。当然，这里对语句（1′）成真的情境并不要求一定不能涉及拥有超过一头驴子的农夫的情况，因为如果每个拥有不止一头驴子的农夫要么抽打他们所拥有的所有驴子，要么一头都不抽打，那么语句（1′）的真和假就取决于抽打驴子的农夫是否占到驴子拥有者的半数以上了。而且在此情况下，定义 2.4.1 和 2.4.2 都预示着同样的真值。当然，当考察的农夫们都拥有至多一头驴子时，情况也是如此。

DRT 将其对全称量化关系句驴子句（1）的处理总结为：对该语句的真值条件的认定未必就与说这些语句的一般说者所要表达的意思一致，所以，最后是采用修正后的定义 2.4.2 还是仍然采用定义 2.4.1 或者是采用还没有研究出的旨在根据不同的上下文来选取不同的真值条件的第三种方案并不是很明确。但 DRT 的形式理论中还是选择采用定义 2.4.2 的真值条件，是为了与前面给出的驴子句的真值条件相吻合，也是为了与在语言学家和逻辑学家中盛行的驴子句意义相一致。

这里需要说明的一点是，DRT 是一个连贯的一致的语义理论，其对一个问题的处理会与整个理论体系相吻合。但自然语言语句的意义是丰富的，即使是同一个表达式，不同的使用者也会有不同的意义表示。既然语言是用来进行信息交流的工具，那么交流的过程中就会有信息的接收与反馈，对于 DRT 的上述总结，我们认为可以将语句置于更大的语篇或情境中去，在语句众多的可能解释情况中不断过滤和筛取出前后一致的、语言使用者想要表达的真的意义，这可以说是语用范畴，这一思路会在本书第四章中得以体现，同时也是第五章对与该问题相关的其他问题进行思考的一个重要方面。

三　一个基于预设处理的 DRT

20 世纪 90 年代初，Van Der Sandt 和 Geurts 提出了基于预设（presupposition）的一般处理的一个新 DRT 框架（Geurts B.，1999；Kamp，2001a，2001b）。预设，是一语句对其被使用的上下文或语境（contex）施加的要求。如果一语境不能满足语句所施的预设要求，那么该语境就要通过调适（accommodation）来进行修正，即调适到一个新的能满足这些预设的语境；如果该语境既不能满足语句所有的预设，又不能被调适到一个适当的语境，那么这一解释就是失败的，在这种情况下，解释者就无法在该语句出现的语境中获得连贯而一致的信息。对预设的这一说明，使得像代词这样的照应性表达式可以被看作携带预设的一类特殊的表达式，这样它们就可以获得一个适当的先行词。

新 DRT 框架对预设的处理分两步，首先为每一个小句构造一个初始表达式（preliminary representation），其中，语句所带有的所有预设也都有明确的表示；在第二步中，初始表达式中所表示的所有预设要在语境中一一核对，当必要且可行时，对该语境进行调适。当所有预设都被满足时，初始表达式的剩余非预设部分要与此时的语境（或初始的或调适后的）合并，这时得到的 DRS 既包括语境的信息也包括语句本身的信息。

新 DRT 与我们之前提到的 DRT 的另一个不同是，原来的 DRT 的表达式的构成是从上到下（top - down），即一个语句的句法结构是从表示一语句的顶端节点开始分解的；而新 DRT 的构造是从下到上（bottom-up）进行的：初始表达式的构建步骤是先将语义表达式指派给句法树的枝叶（leaves），然后通过合并其直接的句法部分的表达式来构建复杂成分的表达式。带有预设的语句的最简单的初始表达式具有形式 < P，D >，这里 D（一个 DRS）是表达式中的非预设部分，P 是语句的预设表达式集合，并且这些表达式也具有 DRS 形式。在一些更复杂的语句中，集合 P 本身就可以由初始 DRS 构成（例如，一个预设可能顺序性地置于其他预设的基础上），而且 D 也可能有包括额外预设的更复杂的结构。

前面提到，新 DRT 将照应性代词视为携带预设的一个表达式，且该预设是语境所提供的，可作为一个适当的照应性先行词。实际上，新 DRT 对所有的限定性名词短语（definite NP）都处理为一个预设的携带者，也就是说，它能独立于该名词短语所属的语句表述中的其他物件来确定其所指，该所指通过共指与一照应性先行词相连接，而这种方式是该预设可采用的众多形式中的一种。

再看非限定性名词短语（indefinite NP），通常认为非限定性名词短语没有预设，所以它们对语句意义的贡献类似量词。我们看语句（20）"A delegate arrived. She registered"，第一个小句中的主语 "a delegate" 不携带预设，所以如果假定语句（20）的其他成分也都没有预设，那么该语句的第一个小句的初始表达式为：

(20.1)

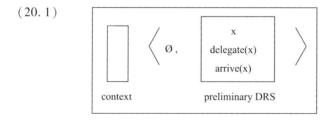

其中左边是语境的表达式，假定是空集。由于没有要处理的预设，那么初始 DRS 的非预设部分能够与初始的空语境合并，得到：

（20.2）

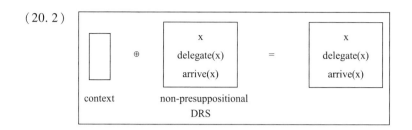

这里"⊕"是合并运算，例如，$< U_1, Con_1 > \oplus < U_2, Con_2 > = < U_1 \cup U_2, Con_1 \cup Con_2 >$。（20.2）合并的结果构成了语句（20）的第二个小句的初始 DRS 的新语境 DRS：

（20.3）

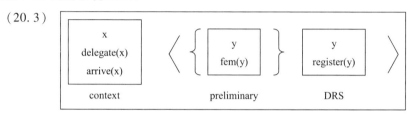

第二小句的初始 DRS 中的预设部分来自代词"she"，其需要一个合适的先行词，该先行词已经出现在所构建的语境中，且要么具有女性（female）的性质，要么是中性的，即男性女性均可。在（20.3）中，一个可能的先行词是语境 DRS 中表示"a delegate"的话语所指 x，由于"delegate"可以是男性也可以是女性〔这一推理其实是基于世界知识（world knowledge）〕，所以预设可以通过对语境 DRS 施以 fem（x）的调适来得以满足，而预设的这一解决方法在初始 DRS 的非预设部分中用 y = x 来表示，最后一步就是将第二小句的 DRS 中非预设部分合并到更新后的语境 DRS 中，得到：

（20.4）

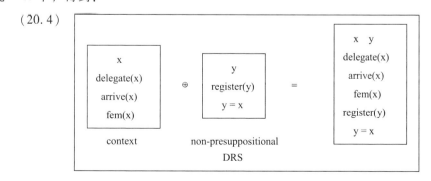

这里除了调适后的条件 fem（x）外，（20.4）与先前的"自上而下"的 DRT 处理结果是一致的，语句（20）的真值条件可以表示为：

$$\exists x \exists y (\,delegate(\,x) \,\&\, arrive(\,x) \,\&\, fem(\,x) \,\&\, register(\,y) \,\&\, y = x\,)$$

最后我们来看看既有限定性名词短语又有非限定性名词短语，且与驴子句有关的语句，例如第一章中提到的语句：

（2）If Sarah owns a donkey, she beats it.

由空语境 DRS 和该语句的初始 DRS 构成的有序对为：

（2.1）

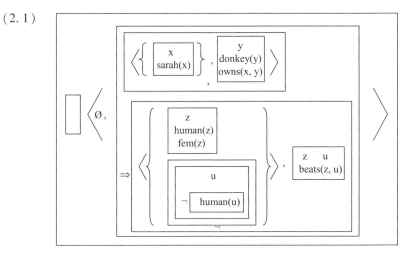

可以看出，（2.1）中的初始 DRS 是个内嵌预设的复杂结构，该预设是由蕴含条件前件中包含专名"Sarah"触发的，而该专名的使用是要表明"Sarah"已经是可得到的语境中的一部分了。针对这一直觉性处理，DRT 假定专名的话语所指总是最高级别 DRS 论域中的一部分。而在使用该专名的时候，说话者已经假定自己对它的熟悉性，也就是存在一个表达式作为该专名的承担者，这是必要时所要进行调适的一种预设类型，即如果该专名的承担者没有在语境中表示出来，那么语境就要增添一个该专名承担者的表达式来实现语境的更新。由于专名目前的使用而引进的话语所指就等同于这一表达式，那么对（2.1）中的 DRS 调剂的前件进行预设处理就得到表达式：

（2.2）

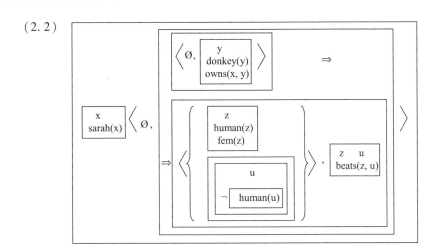

初始 DRS 的后件涉及两个预设，分别由代词 he 和 it 产生。前者要求一个具有"人类"（human）且"女性"（female）性质的先行词；后者需要一个"非人类"（nonhuman）性质的先行词。代词的预设处理只能通过局部或非局部语境来满足，也就是说所需的先行词要由语境提供，而这里的语境只能是（ i ）蕴含条件的前件，连同（ ii ）语境 DRS，及（iii）包含⇒–条件的 DRS 的话语所指和条件。这样，由 he 引进的话语所指可以在语境 DRS 的层次上解决，而 it 引进的话语所指可以在前件的 DRS 中得到处理。这一方法将 he 与 Sarah 引进的话语所指 x 相匹配，it 与 a donkey 引进的话语所指 y 相匹配。这些匹配以 z = x 和 u = y 的形式记录在后件 DRS 的非预设组成部分中，这里预设的确认或证实同样用到世界知识，得到的表达式为：

（2.3）

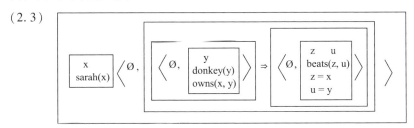

至此，初始 DRS 中的所有预设都被解决或是删除了，那么可以将各种局部或整体的语境 DRS 合并到初始 DRS 的非预设部分，得到语句（2）的 DRS 为：

（2.4）

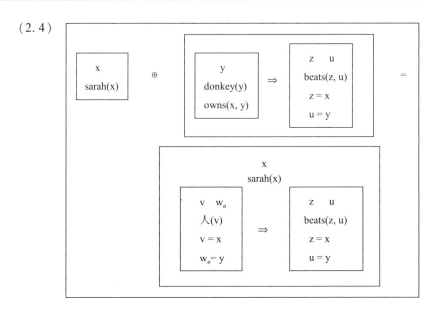

新 DRT 处理语句的思路和所侧重的问题虽然与原来的 DRT 有所不同，但最终的处理结果是一致的。基于预设处理的新 DRT 的程序更好、更清晰地模拟了人们如何处理所接收到的语句信息，新 DRT 的处理过程可以看作原有 DRT 处理结果的一种细化。自然语言的很多语句都涉及预设问题，基于预设处理的新 DRT 为自然语言的信息处理提供了新的理论视角，也将对本书第四章基于 DRT 框架的汉语驴子句处理提供理论参考。

第三章　汉语驴子句的界定

　　早在 20 世纪 60 年代，就有学者描写过类似英语驴子句现象的汉语语言现象，比较典型的如于细良（1965：30～33）的《疑问代词的任指用法》、吕叔湘（1992）的《试论含有同一"一 N"两次出现前后呼应的句子的语义类型》、邵敬敏、赵秀凤（1989）的《"什么"非疑问用法研究》等。但真正的汉语驴子句研究始于 20 世纪 90年代末期，可查询的最早提及"汉语驴子句"的文献为 Cheng 和 Huang（1996：121 – 163）的"Two Types of Donkey Sentences：Natural Language Semantics"，该文献提出了汉语中的两类驴子句，随后引起了国内学界很多学者的关注，针对"汉语驴子句"的句型讨论也日渐丰富。本章在梳理国内学界对"汉语驴子句"分类的同时，对不同的观点提出意见或问题，最后围绕本书的研究重点，归纳总结提出四类汉语驴子句。

第一节　条件句驴子句

　　两个典型的英语驴子句中，其中一个即条件句驴子句，那么相应地，汉语中是否也存在条件句驴子句呢？下面我们来看看有关汉语驴子句的条件句界定。

一　Cheng 和 Huang 的两类条件句驴子句

　　Cheng 和 Huang（1996：126）说，在汉语普通话中，涉及驴子句现象的条件句的条件子句要包含"疑问词"（wh – word），且结果子句中要有与该疑问词相照应的对象。表面上满足该条件的条件句有三类，一是

"光杆条件句"（bare conditionals）①，一是"都-条件句"（dou-conditionals），另一类是"如果-条件句"（ruguo-conditionals），而这三类条件句可以概括表示为两个范例（paradigm），即"光杆条件句"和"如果/都条件句"（dou-and ruguo-conditionals）。Cheng 和 Huang 认为这两个范例是互补的："光杆条件句"的结果子句中的驴子照应语只能是疑问词形式，不允许有其他形式；"如果/都条件句"中的驴子代词可以是除疑问词以外的任何照应形式。

先看"光杆条件句"。"光杆条件句"的条件子句中没有明显的引导词"如果"，结果子句中没有明显的量词"都"（相当于"all"），且结果子句中的"就"（相当于"then"）是可以选择性地出现的。"光杆条件句"的特点可以概括为：结果子句中的照应语必须与条件子句中的疑问词一致，而不能是代词、有定名词、空范畴，或是意译该疑问词的另一个不同的疑问词；疑问词要成对出现。看下面一组语句：

（21）a. 谁先来，谁（就）先吃。

　　　b. ＊谁先来，他（她）先吃。

　　　c. ＊谁先来，那个人先吃。

　　　d. ＊谁先来，[e] 先吃。

　　　e. ＊谁先来，什么人先吃。

　　　f. ＊谁先来，我不高兴。

其中，只有语句（21a）为合适的或合格的"光杆条件句"，而其他语句则不合适。

由于"光杆条件句"对两个子句中疑问词的位置没有规定，所以只要符合"光杆条件句"要求的条件句都是合适语句。（21a）两子句中的疑问词都处在主语位置，即"Subject-Subject"式，还可以有"Object-Object"式、"Subject-Object"式、"Object-Subject"式，分别见语句

---

① 这里的"bare conditionals"不同于 Heim（1982）中提到的英语中不带明显量化动词的条件句，英语这类条件句中有"if"（即如果）的出现。

（22）、（23）和（24）：

　　　　（22）你喜欢谁，我就批评谁。

　　　　（23）谁先来，我就打谁。

　　　　（24）你喜欢谁，谁倒霉。

上面这些语句都只涉及一对疑问词（即条件子句中一个，结果子句中一个），而实际语言中，可以出现不止一对。例如：

　　　　（25）谁打破了什么，谁就得去买什么。

该语句出现了两对疑问词"谁"和"什么"，也符合"光杆条件句"的要求，所以也是合适的"光杆条件句"驴子句。

　　Cheng 和 Huang 对"光杆条件句"要求疑问词成对出现是因为：Heim（1982）对有定名词和不定名词做变元处理，对不定疑问词做极项词（polarity）处理，它们都受必然性算子的允准和约束；Krazter（1989）量化结构非空限制原则（Prohibition against Vacuous Quantification, PAVQ）对 Safir（1985）的算子约束平衡制约原则（Parallelism Constraint on Operator Binding, PCOB）进行了修改，在量化的三分结构 Q［A］［B］中，［X$_1$, X$_2$, …, X$_n$］（n≥1）是 A 中变元，对于 A 中每个变元来说，B 中必须存在一个相同变元。

　　再来看"如果/都条件句"。"如果/都条件句"分别是由于结果子句中出现量词"都"和条件子句前出现"如果"得到的。与"光杆条件句"不同的是，"如果/都条件句"要求结果子句中回指条件子句中的疑问词的元素不能是一个疑问词，而要是一个代词或是有定名词或是空范畴，且结果子句中也不需要回指照应条件子句中疑问词的对象。例如下面两组语句：

　　　　（26）a. ＊你叫谁进来，我都见谁。

　　　　　　　b. 你叫谁进来，我都见他（她）。

　　　　　　　c. 你叫谁进来，我都见［e］。

  d. 你叫谁进来，我都见那个人。

  e. 你叫谁进来，我都不高兴。

（27）a. ＊如果你看到谁，请叫谁来见我。

  b. 如果你看到谁，请叫他（她）来见我。

  c. 如果你看到谁，请叫［e］来见我。

  d. 如果你看到谁，请叫那个人来见我。

  e. 如果你看到谁，请赶快告诉我。

很明显，两组语句中的 a ＊语句是不合适的"如果/都条件句"，而剩下的都是合适的。这里我们要说明的是，虽然两组语句中的 e 语句与"光杆条件句"也有明显的不同，但考虑到我们主要讨论的是驴子照应现象，所以暂不看 e 的情况。

  总之，Cheng 和 Huang 认为汉语中有两类驴子句，"光杆条件句"和"如果/都条件句"，且两类条件句呈互补关系。前者的结果子句中只允许有疑问词照应语，而后者的结果子句中允许有除疑问词以外的其他形式的照应语。而且，"光杆条件句"驴子句要用无选择约束策略处理，"如果/都条件句"要用 E 类代词策略处理。

  除 Cheng 和 Huang 以外，持类似观点的还有王广成、林若望等。王广成（2005）指出，"谁"、代词、空范畴可以在条件子句中用作约束变元，在全称量化的三分结构中，"谁"要成对出现，而其他形式虽然也要成对出现，但不要求形式相同；当条件子句受约束与存在量词时，结果子句中可以出现代词，但不能出现"谁"。林若望（Lin，1996，1998）将 Cheng 和 Huang 提出的两类驴子句分别进行了补充，他认为"光杆条件句"的结果子句中，驴子照应语可以是代词，而"如果/都条件句"的结果子句中也可以出现疑问词照应语。例如下面的语句：

（28）上次谁没讲完，今天就由谁/他先开始。

（29）谁要是娶了他女儿，谁就可以继承他的事业。

林若望还从形式、句法和语义方面对两类条件句进行了比较分析。

形式上，主要是条件语素的出现与否。

句法上，主要体现在结果子句中，"光杆条件句"要求必须有回指词与条件子句中的疑问词相匹配，而"如果/都条件句"则不要求必须有回指成分。例如，(21)中的 f * 语句，就为不合适的"光杆条件句"，而（26）和（27）中的 e 语句则为合适的"如果/都条件句"。

语义上，"光杆条件句"可以描述一个事件，"如果/都条件句"只能陈述一种可能。例如下面的语句：

(30) a. 如果谁昨天没交作业的话，他今天就必须交。

　　 b. 上次谁没讲完，今天就由谁/他先开始。

语句 a 表示一种可能，而语句 b 表示的是一个事件。

其实，Cheng 和 Huang（1996：129）提到于细良和吕叔湘的文献中出现过"光杆条件句"的反例：

(31) a. 谁要这破厂，我就让给他（她）/谁。

　　 b. 谁不对，我就说他（她）/谁不对。

Cheng 和 Huang 认为，结果子句中的疑问词和代词间存在一种补充关系（complementary relationship），语句中出现的这种明显的可选择性是由于"如果 - 条件句"中删去"如果"的可能性。原因是，上述这些不被希望的可选择性情况都出现在结果子句中出现"就"（即"那么"，then）的情况下，而一个"完全光杆条件句"（completely bare conditional），既没有"如果"也没有"就"，是不允许有可供选择的其他照应语的。也就是说，一个典型的"光杆条件句"不允许其他形式的驴子照应语，但由于之前提到"光杆条件句"的结果子句可以出现"就"，所以（31）的两个语句也可以是"光杆条件句"。看下面典型的"如果 - 条件句"：

(32) a. 如果胡飞来，我就留下来。

　　 b. 胡飞来，我就留下来。

语句 a 中的"如果"可以省略，那么语句 b 就可视为一个"化归了"（reduced）的"如果－条件句"。也就是说，如果驴子代词是疑问词，那么处理的就是"光杆条件句"；如果驴子代词是一个照应代词，那么处理的就是一个化归了的"如果－条件句"。另外，当选择照应代词时，代词只能是单数形式，这样，条件子句中的疑问词就要处理为具有存在量化力量的词，进一步证实了将（32b）分析为化归了的"如果－条件句"的合理性。

对于林若望从句法上对两类条件句的分析，我们认为是没有必要的，正如前面提到的，两类条件句是要具有驴子句现象的语句，如果没有回指词，就无所谓照应的问题，既然不存在照应问题，那么我们对这样的语句进行考察和分析也就没有意义了。对于林若望从语义上对两类条件句的分析，其所列举的例子（30b），如果选择代词"他"作为照应语，那么按照 Cheng 和 Huang 对"光杆条件句"反例的处理，该语句即为化归了的"如果－条件句"，为避免这种情况，在不影响原语句意义的情况下可以将 b 语句更换为：

b′ 上次谁没讲完，今天谁先讲。

此时（30）可重述为：

（33）a. 如果谁昨天没交作业的话，他今天就必须交。
　　　b. 上次谁没讲完，今天谁先讲。

根据林若望的语义分析，（33）中语句 a 的条件子句不是一个过去发生的事件，而只是一种可能，语句 b 则表述的是一个事件。但鉴于语句都是有相关语境的，那么语句 a 要想有意义，即有必要陈述的话，肯定是有人昨天没交作业，而不是一种可能；如果没有人昨天没交作业，那么语句 a 根本没必要存在。这样，语句 a 就可以表述为：

a′ 昨天谁没交作业，今天谁必须交。

可见，语句 a′ 与（33b）有相同的句法，相应地也就有一致的语义，都是描述一个事件了。而（33a）即林若望举的原本语句，由于结果子句使用代词作照应语，在 Cheng 和 Huang 看来实际上是化归了的"如果－条件句"，即可变为：

　　　　a″谁昨天没交作业，他今天就必须交。

该语句又与（30b）（即林原本所列举的"光杆条件句"例子）的句法相同，那么两个语句也具有一致的语义。用 Cheng 和 Huang 对"光杆条件句"反例的解释所做的分析与我们对林若望所列举的"如果/都条件句"例句的分析是一致的，也就是说林若望从语义角度分析两类语句的差异的例子是不成立的。

二　对两类驴子句的质疑

（一）Pan 和 Jiang 的质疑

Pan 和 Jiang（1997：7－8）提出，虽然同意 Cheng 和 Huang 提出的自然语言解释中的两类策略，即 E 类代词策略和无选择约束策略，但并不存在两类驴子句与两种处理方法的一一对应，因为"光杆条件句"和"如果/都条件句"间的互补分布并没有那么严格。"光杆条件句"的结果子句中"非疑问词"（non－wh－words）和"疑问词"（wh－words）照应语都可以出现，"如果/都条件句"的结果子句中也可以出现"疑问词"。例如下面的语句：

　　（34）a. 谁要这破厂，让给他/谁好了。
　　　　　b. 谁想去北京，［e］/请/得/必须/一定到我这里报到。
　　（35）阿梅说："给谁看，谁都会说我是好心好意。"

从语句（34）可以看出，没有"就"，所谓的"光杆条件句"结果子句中仍然可以出现代词；而语句（35）说明，"都－条件句"的结果子句中可以出现疑问词。这样看来，两类条件句间的绝对互补分布是不成立的。既然两类条件句间的互补分布不成立，E 类代词策略和无选择约束策略与两类语句的对应处理关系也就不存在了，那么它们都能够用来解释两类语句中的疑问词和代词。

Jiang、Pan、Zou（1997）从不定名词短语多种可能性解读的角度来看两类条件句驴子句的划分及处理问题。他们认为，不定名词短语可以有多种解读，例如：第一，表"特指"（specific），即拥有某一性质，或是能够表现出语句中动词短语所表述的行为的特殊个体，一个特指的名词短语可以是指称性的，可以指称现实世界中的一个实体，也可以指称现实世界中不存在的个体，如"龙"；第二，表"任指"（arbitrary），即典型的抽象实体；第三，表"回指照应"（anaphoric），即指称之前话语中已引入的一实体；第四，表"存在"（existential），即表示存在一个具有动词短语所指定的性质的个体，重点不是在某一个特殊的或典型的个体，而是强调事实上至少存在一个这样的个体；第五，表"全称"（universal），即专注于每一个个体，而不是典型的或特殊的一个个体，这种量化覆盖了该名称短语多指称的所有个体；第六，表"类指"（generic），这里的类指名称短语必须是一个自然种类，并且动词短语所指定的性质必须是所涉及的名称短语的一个自然属性。这样看来，与 Cheng 和 Huang（1996）的观点不同，Jiang、Pan、Zou 认为汉语条件句的结果子句中的代词既可以用无选择约束策略处理，又可以用 E 类代词策略处理，关键看其条件子句中的不定名词如何解释。

由于条件句中的不定名词可以是非特指的，也可以表非存在性解读的，那么就不能说哪个条件句只能用 E 类代词策略处理或是无选择约束策略处理。一般地，当不定名词解释为任意个体，我们将用无选择约束策略来处理结果子句中的代词，也就是说该代词受约束于约束其先行词的同一个算子，由于该代词是与任指读法的不定名词同频度变化的，所以很难将该代词解释为 E 类代词。Jiang、Pan、Zou（1997：17）认为 Cheng 和 Huang 文中的无选择约束策略的应用例子，同样可以由 E 类代词解释，例如：

（36）a. 还说，在这个香山，找不到两片完全相同的红叶，谁找到了，谁就是最幸福的人。

　　　b. 人们说，谁办了错事，谁就得为自己的错误行为付出代价。

尽管（36a）中的无选择约束读法（即第一个"谁"解释为一个任指名词短语）很突出，但不难想象这样一个情境，在该情境中，我们可以说，如果存在一个人，他/她找到了这样的一片叶子，那么他/她就会是最幸运的人。这样，在该情境中，第一个"谁"将受约束于一个存在算子，所以第二个"谁"就要解释成一个E类代词，而这第二个"谁"不是直接受约束于直接约束第一个"谁"的算子，而是与第一个"谁"所引入的变元有关。在这种E类代词解释下，第二个"谁"解释为"找到两片相同叶子的个体x"（该x是由第一个"谁"引入的），而这一解释很符合我们的直觉。像（36）这样的语句，第二个"谁"都取决于第一个"谁"，即有像P（x）这样的解读，这里P是由第一小句中的动词短语定义的性质。这就是第二个"谁"的E类代词读法。因此，E类代词读法和无选择约束读法对于（36）这样的语句都是可能的。

（二）黄爱军的质疑及统一说

黄爱军（2003）在检验了两类条件句驴子句的句法和语义条件后，认为"光杆条件句"和"如果/都条件句"没有明显的区别特征，汉语中只有一类驴子句，即条件句驴子句。

黄爱军对Cheng和Huang的两类条件句的划分提出了下面几个主要问题。

（i）两类条件句间严格的互补分布过强。在这个问题上，黄爱军沿用了Pan、Jiang（1997）和林若望的例句，也是要表达"如果/都条件句"的结果子句中可以出现疑问词照应语，"光杆条件句"的结果子句中也可以出现代词，疑问词和代词在两种语句中是可以互换的。

（ii）疑问词的配对要求经不起理论和实际的详尽考察。首先，黄爱军列举这样的反例：

（37）a. 你喜欢谁，我最清楚。

b. 谁犯了什么错，老板了如指掌。

以此说明"光杆条件句"中疑问词并没有成对出现。另外他还认为，从严格意义上讲，配对效应（matching effect）并不意味着驴子句现象。例如下面的语句：

>（38）a.（我其实并没有准备演讲稿。）我只不过是当场想到了
>　　　　什么，就讲什么罢了。
>　　　b. 你怎么跟我说的，我就是怎么跟他说的（Huang，
>　　　　2003：33）。

虽然（38a）中的一对疑问词指称相同的内容，（38b）中的一对疑问词
指称同样的行为，但它们都不是驴子句。这样，疑问词的配对要求对于
驴子照应语来说既不是必要的也不是充分的，因此有理由断定它们是不
同的现象，尽管成对的疑问词出现在某些驴子句中。

　　（iii）可选择性（alternation）。黄爱军引用了于细良（1965）的例
句，即语句（31），现重复如下：

>（31）a. 谁要这破厂，我就让给他（她）/谁。
>　　　b. 谁不对，我就说他（她）/谁不对。

前面提到过，Cheng 和 Huang 对这一反例，认为这些语句是化归了的
"如果 – 条件句"，因为"就"在这类语句中不能删除。但事实上，"就"
的出现并不是成为"如果 – 条件句"的必要条件，例如 Cheng 和 Huang
的例句（27b），重复如下：

>（27b）如果你看到谁，请叫他（她）来见我。

这样 Cheng 和 Huang 的观点就前后不一致了。也就是说，"就"对于
"如果 – 条件句"来说不是必要的。另外，黄爱军还认为，"就"的出现
对于"如果 – 条件句"来说也不是充分条件，例如下面的语句：

>（39）a. 你喜欢谁，我 *（就）喜欢谁。
>　　　b. 你找谁当指导导师，你 *（就）不许去上谁的课。

这样，"就"的强制性出现既不必要也不充分，对可选择性的所谓化归
了的"如果 – 条件句"的解释并没有说服力。

（iv）事件性（episodicity）。事件性主要是针对 Lin（1996）从语义角度对两类条件句语义的分析。Lin 认为，"光杆条件句"可以描述一个事件，而"如果－条件句"只可能陈述一种可能。黄爱军（2003：41）引用了 Pan 和 Jiang（1997）的语句：

> （40）a. 如果你已经吃了饭，这次我就不约你了。
>
> 　　　b. 如果你真的杀了人，我就救不了你了。

两个语句都能够描述已经发生了的事实，所以不能说只有"光杆条件句"的条件子句可以描述一个事实。

鉴于以上问题，黄爱军认为两类条件句间不存在明显的区别特征，汉语驴子句实际上只有一种，即条件句。黄爱军是从语义解释视角来论证自己的结论的。

首先看条件句标记的性质（the nature of conditional marker）。如下面一组语句：

> （41）a. 谁先来，谁先吃。
>
> 　　　b. 谁先来，谁就先吃。
>
> 　　　c. 如果谁先来，谁就先吃。

黄爱军认为（41）中的三个语句并没有意义上的差别，所以基于条件句标记"如果"的形态学识别来断定用无选择约束策略处理（41a、41b），用 E 类代词策略处理（41c）的方式是不恰当的。另外，条件句标记的出现与否并不会影响疑问词的量化力量。其用 Lewis（1975）的观点来说明这一点，即在有 always、usually 和 sometimes 出现的语境中，不定名词便引进了相应量词 all、most 和 some，也就是说，不定名词继承了相关量化副词的量化力量。例如：

> （42）a. Always, if a farmer owns a donkey, he beats it.
>
> 　　　b. Usually, if a farmer owns a donkey, he beats it.
>
> 　　　c. Sometimes, if a farmer owns a donkey, he beats it.

黄爱军（2003：43）认为，汉语中也有类似的情况：不管条件句标记出现与否，不定名词"疑问词"的量化力量服从（隐性）量化副词。例如下面的语句：

  （43）光杆条件句

    a. 总是，谁先来，谁先吃。

    b. 通常，谁先来，谁先吃。

    c. 有时候，谁先来，谁先吃。

  （44）如果－条件句

    a. （情况总是，）谁要是迟到，班长就会被骂。

    b. 通常，谁要是迟到，班长就会被骂。

    c. 有时候，谁要是迟到，班长就会被骂。

从上述例子可以看出，在考虑语句的语义解释和量化副词时，条件句标记"如果"的出现与否并不能区分两类条件句。而且，对于所有条件句来说，加上"如果"都不会影响原语句的语义。这样，所谓的"光杆条件句"并不是真正意义上的"光杆"，而"如果－条件句"在语义上也不在乎有没有条件算子。

  接下来看一般的语义模式（regular semantic pattern）。黄爱军认为，"光杆条件句"和"如果/都条件句"均涉及全称解读、存在解读和比例问题。黄爱军的这一论断是通过 Chierchia（1992，1995）等对英语驴子句中不定名词的解释类比汉语驴子句而得出的。Chierchia 认为，英语驴子句中的不定名词既可能有全称解读也可能有存在解读，且量化副词可以有选择地约束其限制域中的名词短语，即"比例问题"，同时认为影响量化副词选择不定名词的因素在很大程度上是话语的主题（topic）。

  类比汉语驴子句，黄爱军认为，所谓的"光杆条件句"也可以有全称和存在两种读法，例如下面的语句：

  （21a）谁先来，谁（就）先吃。

  （28）上次谁没讲完，今天就由谁/他先开始。

（21a）要求所有先来的人都先吃，而（28）在"仅有一个人没讲完"的情境下可以被满足，也就是说前者是全称解读，后者是存在解读。

同样，"如果－条件句"也可以有全称和存在两种解读。例如下面的语句：

（45）如果你有什么朋友，就介绍他给李斯。

该语句既可以有全称读法也可以有存在读法，分别为："对于每一个 x，x 是你的一个朋友，你把 x 介绍给李斯"；"对于某个 x，x 是你的一个朋友，你把 x 介绍给李斯"。至于选取哪种读法要看具体语境。

在说明两类条件句存在类似的"对称与非对称读法"（symmetric and asymmetric readings）分布的问题时，黄爱军（2003：48）举了下面的例子：

（46）a. 光杆条件句

　　　谁演谁，谁通常就像谁。

　　b. 都－条件句

　　　谁演谁，他通常都会像那个角色。

　　c. 如果谁演谁，他通常都会像那个角色。

上面三个语句，如果具体指定"topic"，那么就会出现非对称性解读。有这样一个情境：有十个演员，有九个每人分别饰演一个角色，且演得很出色，而另外一个饰演十个角色，且演得都很差。如果"topic"指定为演员，即语句的主语，那么三个语句的意义为真；如果指定为角色，即宾语，则语句表意为假。

综上，黄爱军认为，"光杆条件句"和"如果/都条件句"在全称读法、存在读法即"对称与非对称读法"方面是类似的，再加上两类条件句没有所谓句法上的明显区分，所以两类条件句可以合并为一类，即条件句，故汉语驴子句只有一种。

（三）温宾利的质疑及关系结构说

温宾利（1997）认为，Cheng 和 Huang 将"什么…什么句"分析为

"光杆条件句"是不妥当的。这种分析有三方面的不足：第一，这种分析只能解释一部分语言事实；第二，有些"什么...什么句"不具有条件句意义；第三，从 DRT 语义分析角度，有些语句并不适用。

就第一方面的问题来说，温宾利引述了 Cheng 和 Huang（1996：159）关于"光杆条件句"中动词时/体标记的观点：

Bare conditionals in Mandarin Chinese are very restricted with respect to tense/aspectual specifications. In particular, the verb in the consequent clause cannot bear a completive aspect. If it bears any element that indicates tense/aspect, it is the future hui "will".

例句为：

(47) a. 谁来，谁就会中奖。

b. ＊谁来，谁就中了奖。

这里，语句（47a）是正确的，（47b）为错误的，因为结果子句中出现了完成时态的元素"了"。但是，温宾利发现一些反例，结果子句中不仅可以出现"了"，还可以出现"过"和"在"这样的表过去和现在时态的元素，例如：

(48) a. 张三投了谁的票，李四投了谁的票。

b. 他去过哪些国家，我去过哪些国家。（有什么可吹嘘的！）

c. 你在干什么，她在干什么。

所以，温宾利认为"光杆条件句"只能接受部分的"什么...什么句"。

第二方面，就条件句的意义方面来看，温宾利引述了 Cheng 和 Huang（1996：159）的这样一段话：

A conditional sentence expresses an if – then relationship between two clauses, and it is typical for the consequent clause to express a situation posterior, rather than anterior, to the situation expressed by the antecedent clause.

Cheng 和 Huang 认为典型的条件句，结果子句所表述的情境要在条件子句所表述的情境之后发生。但温宾利认为"什么…什么句"中有反例，如：（48b）中两个人谁先出国谁后出国无法判定，而（48c）中两个子句表示的动作是同时发生的。所以温宾利认为"什么…什么句"有两种，一种是结果子句中不带时/体标记，如 Cheng 和 Huang 的例子；另一种是带标记的，如（48）。

至于第三方面，Cheng 和 Huang 对"什么…什么句"采用无选择约束策略的 DRT 理论进行分析，那样，两个疑问词都是变元，只能受到必然算子和量化副词的约束。而温宾利（1997：11）则举出反例：

（49）a. 上次选举，张三投了谁的票，李四投了谁的票。

　　　b. 到目前为止，他去过哪些国家，我去过哪些国家。

　　　c. 眼下，你在干什么，她在干什么。

温宾利认为，上述语句不可能存在量化副词和必然算子。这样，至少有些"什么…什么句"中，疑问词不可能受到必然算子和量化副词的约束，那么一概用必然算子的方法来分析"什么…什么句"是不恰当的。

综上，温宾利认为一概用"光杆条件句"来分析"什么…什么句"是不恰当的，它只能解释一部分的"什么…什么句"。

温宾利（1998：1～17）将"什么…什么句"分析为一种关系结构。首先，温宾利认为"什么…什么句"是一个复合句，通常第一个分句为从句，第二个分句为主句，"就"字可以作为主句的一个标志。例如：

（50）a. 你说什么，她就信什么。

　　　b. *你就说什么，她信什么。

　　　c. *她就信什么，你说什么。

其次，温宾利认为"什么…什么句"中的疑问词不应为极项词，即在不同的约束环境下有不同的量化意义，例如：

（51）a. 谁先来，谁可以先吃。

　　　b. *谁先来，谁可以先吃（呢）？

（52）a. *什么便宜，她就买什么（呢）？

b. ＊张三怎么干，我们就怎么干（呢）？

语句（51b）中的疑问词并不因为助词"呢"而具有疑问意义；（52）中的"什么""怎么"也没有疑问意义。温宾利认为，"什么…什么句"中的两个疑问词间有一种依赖关系，即第二个分句中的疑问词的解释要依赖第一个分句中疑问词的解释，并且第一个分句中疑问词的意义是不确定的。最后，温宾利认为，"什么…什么句"如果表示的是已经发生或正在发生的确定动作或状态，那么条件句意义就不复存在。例如下面的语句：

(53) a. 谁先来，谁先吃。

b. 上一餐，谁先来，谁先吃了。（这一餐，大家要等着一起吃。）

（53a）可以看成具有条件句意义，而（53b）由于涉及过去发生过的事情，所以不能赋予条件句意义。而且，温宾利还认为，将"什么…什么句"放入语篇中，其条件句意义就会消失。例如：

(54) a. 上一餐，大家都等着一起吃，等得什么都冷了。这一餐不等了，谁先来，谁先吃。

b. 甲：这顿饭我们还要不要等着一起吃？

乙：不要等了，谁先来，谁先吃。（早点吃完，可以休息一会儿。）

（54）的"什么…什么句"在被诉说的时候，说话者只是想表达让大家不要等着一起吃饭了，并不是要表达"如果 X 先来，X 就先吃；如果 Y 先来，Y 就先吃"的条件句意义。

总之，温宾利认为，并不能一概用"光杆条件句"来分析"什么…什么句"，"什么…什么句"应该表示为一种关系结构。

（四）文卫平的观点

文卫平（2006）认为，Cheng 和 Huang 的研究是有缺陷的。第一，理论内部出现不一致。Cheng 和 Huang 对"光杆条件句"的规定出现反例，即"光杆条件句"结果子句中可以出现代词照应语。另外，Cheng 和 Huang 以有无显性"条件句标记"来定义"光杆条件句"是不恰当的，文卫平更赞同 Heim（1982）对光杆条件句的定义，即不含显性模态词或量化词的条件句，而且从已观察和描述的汉语驴子句来看，基本都符合 Heim 的这一定义。因此文卫平认为用模态词的概念来定义条件句驴子句更有概括力和解释力。第二，文卫平认为 Cheng 和 Huang 的两类汉语驴子句的划分没有全面充分地描写汉语语言事实，即 Pan 和 Jiang（1997）、Lin（1996，1998）、Huang（2003）提到的两类条件句结果子句中疑问词和代词可交替使用的问题。

在此基础上，文卫平（2006：106）提出，汉语条件句驴子句有两种表现形式："wh…wh"关联结构及常规结构"如果…就"句式。

文卫平以"wh…wh"关联结构取代 Cheng 和 Huang 的"光杆条件句"，认为其能对汉语驴子句研究中涉及的有争议的问题进行统一解释。文卫平引述胡松柏（1998）的观点，指出"wh…wh"关联结构可以表示三种关系——假设、条件和无条件，但不能同时表示这三种关系。那么，语句"谁先来，谁先吃"的逻辑表达式为：

$$\forall x [x 先来][x 先吃]$$

而语句"什么时候来，什么时候有座"，表示"不管什么时候来，都有座"，是无条件条件句；语句"战士吃什么，干部吃什么"表一般条件，相当于"只要战士吃什么，干部就吃什么"；语句"坐什么车，买什么票"表假设，其真值相当于"如果（坐）火车，就（买）火车票，如果（坐）汽车，就（买）汽车票……"。

参照胡松柏（1998）的文章，文卫平（2006：108）将"wh…wh"关联结构表条件的格式概括为：

wh（要是）…wh（就）

（如果）wh…wh（就）

（只要）wh…（就）wh

其中，显性的关联词都是双重标记，可以省去，句意保持不变，例如："谁（要是）反对它，谁（就）是我们的敌人。"两个关联词同时保留，或仅保留一个，或同时省去，语句意义不变。

这样该结构就解决了"光杆条件句"与"如果/都条件句"间界限不明的问题。至于 Cheng 和 Huang 的两类驴子句的结果子句中疑问词和代词的可交替问题，文卫平给出了"wh…wh"关联结构驴子句的投射原则：

> a. 如果条件子句 S_1 含有表全称意义的疑问词，并且结果子句 S_2 也含有表全称意义的疑问词，则整个句子 S 表全称意义。
>
> b. 如果条件子句 S_1 含有表全称意义的疑问词，并且结果子句 S_2 含有一个受 S_1 中疑问词约束的变元，则整个句子 S 表全称意义。

运用该原则对表示三种关系的驴子句进行分析的具体过程，见文卫平（2006：109~110）。

文卫平提出的汉语条件句驴子句的另一种句式——常规结构"如果…就"，与英语驴子句的条件句句式是一致的，也就是 Cheng 和 Huang 的"如果 - 条件句"。文卫平认为，从常规句式角度看，Cheng 和 Huang 对"如果 - 条件句"的定义是可取的。下面的语句都是常规条件句驴子句：

> (55) a. 如果谁找我，请他到我办公室来。
>
> b. 如果你见到了谁，请叫那个人来见我。
>
> c. 如果谁想去北京，请 [e] 到这里报名（文卫平，2006：111）。

第二节　关系句驴子句

经典的英语驴子句中另一类是量化关系句驴子句。文卫平（2006）

认为，汉语中存在关系句驴子句，其形式与英语关系句基本对应，且是典型的驴子句形式。文卫平从两方面进行论证：首先证明汉语中存在关系句，接着证明这种关系句具有驴子句的基本特征，即汉语也有关系句驴子句。

一　汉语中的关系句

文卫平（2006：115）指出，汉语关系小句表现为"的"字结构，而"的"字结构大致有三类：

N + 的 + N

N + 的 + V

VP + 的 + N

其中，汉语关系小句表现为第三类，"VP + 的 + N"。文卫平在生成语法的框架下论证了这一观点。Ning（1996：64 – 65）将汉语"的"字结构划分为四类：

第一类　光杆"的"字结构

a.　［NP［XP 他喜欢 e］的 Φ］

b.　（他是）［NP［XP e 昨天回来］的 Φ］

c.　［NP［XP 你买 e］的］（什么）

d.　［NP［XP 谁发明 e］的］（指南针）？

e.　［NP［XP 富有］的 Φ］

f.　［NP［XP 我］的 Φ］

g.　［NP［XP e 眼睛大］的 Φ］

第二类　复杂名词结构

a.　［NP［XP 他喜欢 e］的［NP 那本书］］

b.　［NP［XP e 昨天回来］的［NP 那个人］］

c.　［NP［XP 中国人发明 e］的［NP 指南针］］

d.　［NP［XP 富有］的［NP 人］］

e.　［NP［XP 我］的［NP 书］］

f.　［NP［XP e 眼睛大］的［NP 姑娘］］

第三类　复指性代词复合名词性结构

a. ［NP［XP 我在哪儿见过他］的［NP 地方］］

b. ［NP［XP 我见过她一次］的［NP 那个姑娘］］

c. ［NP［XP 他为什么没有参加会议］的［NP 原因］］

第四类　名词性短语结构

a. ［NP［XP 他们要订婚］的［NP 消息］］

b. ［NP［XP 谁先发言］的［NP 问题］］

文卫平发现，除第一类的 e 和 f，第二类的 d 和 e 外，其他结构都表现为
"VP + 的 + N"结构，该结构与英语的关系从句有非常整齐的对应关系，
且其中的"的"分别相当于英语的 that、which、those 和 whose 等引导
词。对照 Ning（1993）及 Heim 和 Krazter（1998）对英语关系从句的句
法分析：

（A）

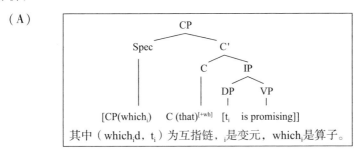

文卫平引用了 Ning（1996）及杨彩梅（2003）对"有出息的"结构的句
法分析：

（B）

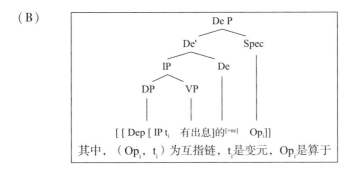

并做了分析。（A）中的功能词 C 具有［ + wh］特征，将 IP 中的 DP 变

元移出 IP 与之进行 Spec – head 核查，形成互指链（which$_i$，t$_i$），DP 随即变成相应的 who、whom、which 等，或受其句子成分影响变成 what、whoever 等。而（B）中的"的"具有［＋NOM］特征，选择内含空实体（ne）的 IP 合并，并吸引空实体移出与之形成 Spec – head 核查，产生互指链（Op$_i$，t$_i$）。这样看来，英汉关系从句有相似的句法结构，英语关系从句中的 C 与汉语"的"字结构中的"的"都具有［＋NOM］特征，虽然呈现的参数有差异（文卫平，2006：118）。

在得出上述结论后，文卫平又对"后置关系小句"（即"VP＋的"出现在名词后面）进行了分析，例如语句：

（56）当事人对决定不服的，可以申请复议。（《诉讼法》第 47 条第 4 款）

"对决定不服的"这个结构的句法分析如下：

（56.1）

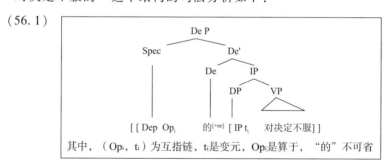

可见，（56.1）与（A）有相同的句法表现，即汉语的后置关系小句与英语关系句有同样的句法结构。

通过对古代汉语的考察，文卫平（2006：120）认为：后置关系小句的"的"字结构在古汉语中表现为"VP＋者"。

二 汉语关系句驴子句

（一）句法和语义

汉语关系小句与英语关系句间的句法结构关系在上一部分已经有所证明，它们有相似的句法结构，这里主要来看它们间的语义关系。

文卫平将 Heim 和 Krazter（1998）对英语关系句的处理与 Ning

（1996）对"的"字结构的处理相比较来观察英汉关系句的语义关系。

　　Heim 和 Krazter（1998：115）将英语关系句处理成 λ 表达式，并用 λ 抽象规则来推导语句的语义。λ 规则表示如下：如果 α 节点下有 βi 和 γ 两个节点，其中 βi 是关系代词或 such，且 i∈ | N（自然数），那么对于任何变元赋值 a，$[\alpha]^a = \lambda x \in De. \ [\gamma]^{ax/i}$。

　　根据 Ning（1996）的研究，"的"字结构也是一个 λ 表达式，其语义推导也可以用 λ 规则，不过要进行参数层面的变化，见杨彩梅（2003：244）的论述：如果 α 节点下有 γ 和 βi 两个节点，其中 βi 是空算子 Op_i，γ 有 IP 和"De"两个子成分，且 i∈ | N，那么对于任何变元赋值 a，$[\alpha]^a = \lambda x \in De. \ [\gamma]^{ax/i}$。

　　根据上述两个规则，结构

　　（57）a. which is promising

　　　　　b. 有出息的

的语义推导分别为：

　　（57. a）$[which_i \ t_i \ is \ promising] = \lambda x \in De. \ [t_i \ is \ promising]^{ax/i}$

　　　　　$= \lambda x \in De. \ [t_i \ is \ promising]^{\varphi x/i}$

　　　　　$= \lambda x \in De. \ [t_i \ is \ promising]^{x/i}$

　　　　　$= \lambda x \in De. \ [t_i \ is \ promising]^{x/i} \ ([t_i]^{x/i})$

　　　　　$= \lambda x \in De. \ [is]^{x/i} \ ([promising])^{x/i} \ (x)$

　　　　　$= \lambda x \in De. \ [is] \ ([promising]) \ (x)$

　　　　　$= \lambda x \in De. \ \lambda p \in D<e, t> \ [P] \ (\lambda y \in De. \ y \ is \ promising) \ (x)$

　　　　　$= \lambda x \in De. \ \lambda y \in De. \ y \ is \ promising \ (x)$

　　　　　$= \lambda x \in De. \ x \ is \ promising$

　　（57. b）$[t_i 有出息的 \ Op_i] = \lambda x \in De. \ [t_i]^{\varphi x/i}$

　　　　　$= \lambda x \in De. \ [t_i 有出息的]^{x/i}$

　　　　　$= \lambda x \in De. \ [有出息]^{x/i} \ ([t_i]^{x/i})$

　　　　　$= \lambda x \in De. \ [有出息] \ (x)$

　　　　　$= \lambda x \in De. \ \lambda y \in De. \ y \ 有出息 \ (x)$

$$= \lambda x \in De. \ x \ 有出息$$

（57）的语义结果分别为：

a. $\lambda x \in De. \ x \ is \ promising$

b. $\lambda x \in De. \ x \ 有出息$（文卫平，2006：122）

可见，汉语"的"字结构与英语关系从句也有类似的语义特征，语义推导都可以用λ规则及其微调形式来进行。可以说汉语"的"字结构与英语关系从句的句法和语义都是相似的甚至是相同的。

（二）汉语关系句的驴子句特征

文卫平（2006：122～123）认为，作为汉语关系小句的"的"字结构有三种形式，其分别对应的驴子句形式为：

（58）（VP＋的）＋N 句式

　　a. 凡有驴子的农夫皆打驴子。

　　　　每个有驴子的农夫都打驴子。

　　b. 有驴子的农夫皆打驴子。

　　　　有驴子的农夫都打驴子。

（59）N＋（VP＋的/者）句式

　　a. 凡农夫有驴子者，皆打驴子。

　　b. 农夫有驴子的，都打驴子。

（60）（VP＋的/者）＋Φ 句式

　　a. 凡有驴子者，皆打驴子。

　　b. 有驴子的，都打驴子。

对照经典量化关系句驴子句的特征——不定名词在模态或全称算子的作用下，产生全称意义，语句做全称解读；从句与主句的名词间存在照应关系；算子对变元的约束可以跨越小句——语句（58）（59）（60）均为全称量化句，句中的不定名词"驴子"都被赋予全称意义，第二个名词"驴子"都与第一个"驴子"在语义上存在照应关系，全称算子跨越小句约束第二个名词"驴子"。

文卫平还进一步说明，（58）和（59）的区别在于前者是前置关系小句，后者是后置关系小句，其翻译为英文后，与经典量化关系句驴子句 "Every farmer who owns a donkey beats it" 是一致的，所以（58）和（59）句式为经典的关系句驴子句。至于（60）的句式，文卫平（2006：124）解释为：有时词组的短语并没有见于上文，只是因为不言而喻，也就无须说明，尤其是泛指"人"的时候。也就是说，"的""者"字结构泛指人时，表示"……的人"。这样（60）中的语句实为：

（61）a. 凡有驴子的人，皆打驴子。

b. 有驴子的人，都打驴子。

翻译成英语为语句 "Every man who owns a donkey beats it"。这样来看，三种句型的汉语关系句驴子句都具有英语驴子句的基本特征，只是第一种和第三种句型更常见一些。

第三节　类指隐性驴子句

文卫平（2006）认为，汉语驴子句除了条件句驴子句和关系句驴子句以外，还有类指隐性驴子句。文卫平在考察了语言中普遍存在的类指现象后，借鉴了 Hess（1989a，1989b）基于归纳的类指理论，发现由类指名词引导的关系从句具有驴子句的基本特征，是一种隐性驴子句。其思路是：从考察英语类指句入手，分析类指句的分类、特点及语义特征，给出英语类指隐性驴子句，再对应地考察汉语类指，并提出汉语类指隐性驴子句的说法。

一　英语中的类指句

（一）两类类指句

自类指研究进入语言哲学与语言学的研究视角以来，虽然研究者们没有给出类指句的统一的定义，但一般将类指句分为两类：指称类类指句（kind - referring sentences）和特征类类指句（characterizing sentences）。

指称类类指句的类指性（generecity）是句子中的某个名词短语的特征，所以这类类指句中都包含表类指的名词短语，该名词短语不指向具体的人或物，而是指向人或物本身的类。英语中可表示类指的名词短语主要有单数名词、复数名词和代词。第一，单数名词表类指有两种形式：一是光杆单数名词，一般是抽象不可数名词，表示一个整体，例如"practice"和"philosophy"，但如果前面有定冠词修饰则变为特指，如"the history of Europe"；另一种是由不定冠词"a/an"或定冠词"the"修饰的单数名词，如"a donkey""the dog"等。第二，复数名词表类指在自然语言中是很普遍的，如"donkeys""cups and sauces"等。第三，代词表类指主要有人称代词和不定代词。第一、第二和第三人称均可指称类，第一人称可以指"人们""人类"等，如"We are destroying our earth"；第二人称常指称"人"这一整体，如"You never know when you will have such a bad luck"；第三人称常指控制或影响普通人的力量，如指称"the authorities""the media"等（吴业军等，2003）。不定代词指称类常用"one"，其所有格和反身代词也表类指，如"One should do one's best to improve the environment"，"One cannot do such a thing for oneself"（文卫平，2006：42）。

特征类类指句也叫作特征句，其特指性是整个句子的特征，是基于句子所描述的许多具体事件和事实基础上的规律。例如："Jones takes the donkey to town every Monday"，该语句描述的是一种习惯，是对许多具体事件的某种概括；语句"A potato contains vitamin C, amino acids, protein and thiamine"则是对一般意义上的土豆的特征的概括。特征句的类指解读主要通过句子中的类指性体现，对句子的名词短语没有限制要求，可以是专名、有定名词短语单数、不定名词短语单数等（Krifka etc., 1995：8）。

两类类指句的特征也可以在一个句子中得以体现，例如"Apples have much vitamin C"，其中"Apples"为类指名词，但语句本身表达的是类事件。文卫平引述 Krifka 等（1995）的观点，对两类类指句进行比较：指称类类指句抽象的是具体物体，而特征句抽象的是具体的事件和事实。

（二）类指句特点

上面提到的类指句的抽象性、概括性、规律性使得类指句区别于其他陈述句，文卫平认为类指句的这些特征可以概括为类指不受限制且具有均一性。

类指不受限制包括语句所描述的事件或物体不能受时间或数量的限制，而这种限制会使语句所表述的内容变为关于具体的某个或某些物体和事件。例如：

> （62）a. This evening, Jones takes the donkey to town.
>
> 　　　 b. This year, Jones takes the donkey to town.

（62）中的两个语句虽然都有时间状语，但（62a）描述的是单个晚上的一次具体的行为，而（62b）则描述的是一段时间的惯常行为。再如：

> （63）a. Farmers beat donkeys.
>
> 　　　 b. Four farmers beat donkeys.

（63a）是类指句，描述的是农夫这个群体或集合的某种行为，而（63b）则有数量限制"four"，所以不是类指句。

Declerk（1986）还指出，受限制的不只是名词短语，还有例如时、体、模态词的使用以及副词短语等。Cohen（1999）指出，类指句论域的成员本身可以指称一个个体的集合，在这种情况下，类指句论域的成员是不是有限制的不能与论域中的成员本身是不是有限制的集合混为一谈。例如：

> （64）Unmarried couples have a hard time renting an apartment in this neighborhood.

语句中量化的是未婚男女，每一对未婚男女都是一个两个人的集合，然而，这样的集合本身没有限制，所以有类指意义。同理，如下面的语句：

(65) a. Two magnets either attract or repel each other.

b. Two's company; three is a crowd.

(65) 中的语句虽然有限制量词"two",但其描述的不是含有两块磁铁、两个人的论域,而是指代非具体的、不确定的磁铁及人的二元组(Cohen, 1999:77)。

Cohen (1999) 转引 Nagel (1961:59) 的观点,认为一个其断言范围没有限制在特定空间和时间段的物体的一般概括可以称为"没有限制的一般概念"(unrestricted universal),而且类指句所具有的法则式、一般规律性特征就是没有限制的一般概念。

类指的均一性是指类指量化词的量化域是均一的。例如,当类指的范围在人的心理上具有同样显著的地位时,其发生的频率必须满足同样的条件,表现为时间、空间、年龄、性别、主题等方面的均一。

时间上的均一性。例如"Jones practices in the gym",该语句为真的条件是 Jones 要有规律地在健身房锻炼,可以是每周几次或一个月几次等。如果他整整一个月每天都去锻炼,之后就再也不去了,虽然在这一个月内他锻炼的事件都发生在健身房,但该语句仍然不能为真。

空间上的均一性:如描述按空间位置来分类的日常生活,该指称句的指称就必须在空间范围内保持一致。例如"People in Canada speak French",虽然大多数加拿大人说法语,但这些说法语的人并不是均匀地分布在加拿大各地的,如温哥华说法语的人是少数。所以加拿大这个集合对于说法语的特征没有均一性,故不是类指句。而语句"Birds fly"虽然按时空分类它的指称范围不满足均一性,因为南极洲大部分的鸟是企鹅,不会飞,但如果按生物家族来分类,该语句就具有类指性,因为与空间分类相比,生物分类是优先的,所以人们一般都会将其视为类指句。

年龄的均一性:当涉及与年龄有关的问题时,类指句要满足年龄的均一性。例如"Crocodiles die before they attain an age of two weeks",虽然大多数鳄鱼在两周内就夭折了,但它没有反映一般规律,鳄鱼的指称范围相对于两周内夭折的特征没有均一性,因为如果按大小来划分,很多子集的成员都大于两周。同样,如果按年龄来划分,语句"Birds fly"也不是类指句，因为相对于"fly"的特征，"Birds"的所指范围不均一，因为雏鸟不会飞，但生物家族分类优先于年龄分类，所以一般认为该语句为类指语句。

性别的均一性。例如"Dogs are females"，按性别对狗进行划分的话，狗所指称的范围显然不具有均一性。而语句"Dogs are loyal to their owners"则为类指句，因为就对主人忠诚这一特征来说，狗这个集合都具备。

主题的均一性。例如"Books are paperbacks"，虽然我们看到的大部分书都是平装本，但该语句仍然不为类指句。因为按主题来划分的话，小说、故事书等一般都印成平装本，而工具书或一些稀有的读本更可能是精装本，所以就平装本的特征来说，书的指称范围不具均一性。

（三）类指句的真值

17世纪以来，学者们对类指现象的研究基本在两个理论框架下展开，一个是规则理论，另一个是归纳理论。规则理论认为类指句为真的条件是它们符合某些本体论意义上的基本原则；归纳理论则认为类指句的真是要求类指范围内足够多的个体满足其所断言的特征。由于归纳理论的解释力更强一些，所以大部分类指研究都采用这一理论。

归纳理论认为，类指是对足够多的个体的量化。而对于"个体"，不同的研究者有不同的定义，有的将"个体"定义为实实在在的个体（actual individuals），有的定义为正常个体（normal individuals），有的定义为典型个体（typical individuals），还有的定义为可能个体（possible individuals）。虽然对个体的定义不同，但他们都认为类指句有一个隐性的类指量化词或类指算子 Gen。

Cohen（1999）认为类指的法则式或规约式所概括的是永久性意义，并可在未来以某种规律的形式出现，这与概率陈述（probability statements）极为相似。Cohen（1999）给出了类指的真值定义。

定义 3.3.1　设 $Gen(\psi, \varphi)$ 为句子，其中 ψ, φ 是特征

$A = ALT(\varphi)$，即相对于 φ 的选项集

那么，$Gen(\psi, \varphi)$ 为真，当且仅当

$$P(\varphi \mid \psi \wedge \vee A) > 0.5$$

其中，$P(A \mid B)$ 表示给定 B 时［这里 $P(A \mid B)$ 相当于 $P(\varphi \mid \psi \wedge \vee A)$，其中 A 是特征 φ，B 是特征 ψ］，A 的条件概率 $\vee A$ 是 A 中所有特征的析取。当 $P(\psi \wedge \vee A) = 0$ 时，条件概率不可定义，类指没有真值（Cohen，1999：37）。

那么语句

(66)　a. Dogs are mammals.

　　　b. Birds fly.

用上述真值定义表述为：

(66.1)　a. Gen$_x$［dog（x）］［mammal（x）］

　　　　b. Gen$_x$［bird（x）］［fly（x）］（Cohen，1999：38）

(66.1a) 的特征 A 为｛φ｜φ 是动物类｝=｛哺乳动物、鸟、爬行动物、鱼…｝，很明显，狗是哺乳动物的概率高于是其他动物类的概率。(66.1b) 的特征 A 为｛φ｜φ 运动/移动｝=｛飞、行走、游…｝，而鸟运动时飞行的概率大于 0.5，所以该语句为真。

从 Cohen（1999）的类指定义可以看出，类指算子 Gen 相当于隐性频度副词，只不过它是在语音上没有实现的另一类频度副词。Cohen（1999：128）还给出了类指算子与其他频度副词的条件概率：

$$Q(\psi, \varphi) \text{ 为真的条件}$$

$P(\varphi \mid \psi \wedge \vee A) = 1$	当 Q = always
$P(\varphi \mid \psi \wedge \vee A) = 0$	当 Q = never
$P(\varphi \mid \psi \wedge \vee A) > 0$	当 Q = sometimes
$P(\varphi \mid \psi \wedge \vee A) >> 0$	当 Q = often
$P(\varphi \mid \psi \wedge \vee A) << 1$	当 Q = seldom
$P(\varphi \mid \psi \wedge \vee A) > 0.5$	当 Q = usually
…	
$P(\varphi \mid \psi \wedge \vee A) > 0.5$	当 Q = gen

其中，Q 为量化副词，A 为相关的选项集合，P 类似于概率函数。从中可见，类指算子 gen 相当于频度副词 usually，条件概率要大于 0.5。在频度条件概率的基础上，Cohen 给出了频度副词的定义。

定义 3.3.2 设 Gen（ψ，φ）为句子，其中 Q 为频度副词，A = ALT（φ），那么 Q（ψ，φ）为真，当且仅当 $R_Q(P(\varphi \mid \psi \wedge \vee A))$，其中，设 $P(\varphi \mid \psi \wedge \vee A) = x$，则：

$$R \text{ always} = \lambda \ x(x = 1)$$
$$R \text{ never} = \lambda \ x(x = 0)$$
$$R \text{ sometimes} = \lambda \ x(x > 0)$$
$$R \text{ often} = \lambda \ x(x > > 0)$$
$$R \text{ seldom} = \lambda \ x(x < < 1)$$
$$R \text{ usually} = \lambda \ x(x > 0.5)$$

同时，Cohen 指出，频度副词与类指量词一样，有绝对解读和相对解读，例如：

(67) Politicians seldom commit crimes.

根据定义 3.3.2，$R \text{ seldom} = \lambda \ x(x < < 1)$，该语句为真。但该语句还可以有另一种解读，即政治家犯罪的可能性小于其他群体的人，如果这样解读，该语句为假。下面以 often 和 seldom 为例来看频度副词的绝对解读与存在解读间的歧义。

often（ψ，φ）相对于选项集 A 为真，当且仅当 $P(\varphi \mid \psi \wedge \vee A) > P(\varphi \mid \vee A)$

R_{often} 的值由副词的解读来定义：

$$R_{often} = \lambda \ x \ (x > > 0)（绝对解读）$$
$$R_{often} = \lambda \ x \ (x > P(\varphi \mid \vee A))$$

同样，R_{seldom} 的值为：$\lambda \ x(x < < 1)$ 或 $\lambda \ x(x < P(\varphi \mid \vee A))$ Cohen（1999：130 - 131）指出，类指量化词做绝对解读时类似于频度副词 usually，做存在解读时类似 often。但文卫平认为 Cohen 的相对解读太弱，不能构成一个具有一般规律性的类指命题。

（四）类指句的语义

文卫平对类指句语义的考察，主要针对特征句。他指出，类指句的语义跟类指算子或类指量词 Gen 的语义有关，所以这里考察的是特征句中的类指算子。文卫平参考了 Krifka（1995）对类指算子语义解释的六种概括，这些不同的解释方法是基于不同的理论背景与不同的研究途径进行的。

文化定势解释（stereotypes interpretations）　Putnam（1970，1975）提出文化定势的概念，他认为词汇的某些带有文化定势的特征是关于该词汇所涉及实体的"核心事实"，每个说这种语言的人都必须了解。这一概念被应用于类指研究就是将类指句看成表达文化定势的语句，例如：

(68) a. Birds fly.

b. Birds walk.

虽然在南极，大多数鸟是企鹅，它们行走而不是飞，但（68b）仍然为假，（68a）为真。因为（68a）表达了一种关于鸟的文化定势，在我们的语言知识中，鸟"飞"已经成为其中的一部分。这里，由于文化定势特征来源于文化约定或是文化规约，难免具有主观性，所以针对表达世界知识或是对世界知识做出断言的类指句来说，这一分析途径是有问题的。例如，假如一种文化中规定青蛙是红色的，那么语句"青蛙是绿色的"虽然本身为真，可说该语言的人会认为其为假，所以一般认为文化定势解释忽视了类指的本质特征。

原型解释（prototypes interpretations）　这里的"原型"指的是"典型个体"，即代表一个概念的最典型实体。一般认为原型解释的思想源于认知心理学的原型理论。Platteau（1980）、Heyer（1985，1990）等将原型的概念应用于特征句的处理，视特征句为某一概念的原型成分的全称量化句。这种分析方法采用的是传统的三分结构，见 Krifka（1995：47）：

$$\text{Gen}[x_1, \cdots, x_i; y_1, \cdots, y_j](\text{Restrictor}; \text{Matrix}) \text{为真，当且仅当}$$

$$\forall x_1, \cdots, x_i[\text{TYP}(\lambda x_1, \cdots, x_i)\,\text{Restrictor}[x_1, \cdots, x_i](x_1, \cdots, x_i) \rightarrow$$

$$\exists y_1, \cdots, y_j\,\text{Matrix}[\{x_1\}, \cdots, \{x_i\}, y_1, \cdots, y_j]]$$

那么语句

(69) A dog has a tail.

的原型分析式则为：

(69.1) ∀x［TYP（dog（x）→∃y（tail（y）&has（x，y)))］

这里的算子 TYP 的论元是内涵实体。文卫平指出，该解释方法在如何确定 TYP 的语义上存在问题，而且对语句处理的表达式也不够精致。例如：

(70) a. A duck has colorful feathers.
　　　 b. A duck lays whitish eggs.

其原型分析式分别为：

(70.1) a. ∀x［TYP（duck（x）→x has colorful feathers)］
　　　　 b. ∀x［TYP（duck（x）→x lays whitish eggs)］

由于只有雄性鸭子有彩色羽毛，只有雌性鸭子下白色的蛋，这样 TYP（duck）就不适用于任何物体，那么任何"A duck Fs"形式的特征句都只是"可能真"，所以此种解释方法也是有缺陷的（文卫平，2006：53）。

相关量化解释（relevant quantification interpretations）　　这一解释方法是将类指算子视为对相关实体的量化。Declerk（1991）认为，当某一陈述是由一个集合组成时，接受者就会依据其世界知识来限制该陈述集合中的成员。例如：

(71) Donkeys hee – haw when beaten.

其解释公式为：

(71.1) Gen x［（donkey（x）∧ R(x)→x hee – haw when beaten)］

相关量化是通过限制变元 R 体现的，R 限制了 x 的量化范围，即被抽打的驴子组成集合。文卫平指出，该方法虽然很灵活，但不够严谨，因为如果对变元 R 本身没有约束，那么该方法对句中变元量化范围的限制就是自由的，那么语句的语义解释就不够清楚。

模态解释（modal interpretations）　　这种解释方法借鉴了模态逻辑的一种语义理论即可能世界语义学来分析类指句。Lawler（1973）和 Thrane（1980）认为，特征句类指句与条件句相似。例如"A dog has four legs"可以解释为"If x is a dog, then x has four legs"。Heim（1982）认为，特征句和条件句都含模态量化，而模态量化与模态算子有关。Kratzer（1981b）给出了模态算子的三个参数：模态关系（modal relation）、模态基础（modal base）和有序源（ordering source）。两种模态关系——"必然"和"可能"（其算子分别为"□"和"◇"）是在模态基础（即会话背景）和有序源（即在可能世界中给出的一个排序）基础上定义的。

定义 3.3.3　用 B_w 表示模态基础，$\leqslant_w$ 来表示有序源，则：

must Φ 在以下条件下，在相对于模态基础 B_w 和有序源 $\leqslant_w$ 的可能世界中为真：

对于模态基础 B_w 中的所有可能世界 w'，有一个基于模态基础 B_w 和有序源 $\leqslant_w$ 的可能世界 w''，w'' 至少与 w' 同样正常，对于每一个其他的同样正常的可能世界 w'''，公式 Φ 在 w''' 中为真。

may Φ 在相对于模态基础 B_w 和有序源 $\leqslant_w$ 的可能世界中为真，当且仅当在相对于模态基础 B_w 和有序源 $\leqslant_w$ 的可能世界中 must notΦ 为真不成立（Krifka，1995：51）。

Krifka 认为，条件句可以在这一框架下进行解释，条件句是将模态基础限制在与条件句的语义内容相关的可能世界中。类似地，特征句也可以这样处理，那么类指算子的定义如下。

定义 3.3.4　Gen $[x_1, \cdots, x_i; y_1, \cdots, y_j]$（Restrictor; Matrix）在相对于模态基础 B_w 和有序源 $\leqslant_w$ 的可能世界中为真，当且仅当

对于每一个 $x_1, \cdots, x_i$ 和模态基础 B_w 中的所有可能世界 w'，限制语 $[x_1, \cdots, x_i]$ 在可能世界 w' 中为真；在模态基础 B_w 中有一个可能世界 w''，w'' 至少与 w' 同样正常，对于每一个与 w'' 同样正常的可能世界 w'''，

$\exists y_1, \cdots, y_j$ Matrix $[\{x_1\}, \cdots, \{x_i\} y_1, \cdots, y_j]]$ 在可能世界 w''' 中为真。

上述定义与定义 3.3.3 中"must"类似,同时考虑了变元的约束。那么语句

(72) A farmer beats the donkey he owns.

的公式表示为:

(72.1) Gen [x, y] (x is a farmer, y is a donkey & x beats y)

文卫平(2006:56)给出的模态解释如下:

(72.2) 在相对于模态基础 B_w 和有序源 $\leqslant_w$ 的可能世界中为真;当且仅当

对于每一个 x 和每一个模态基础 B_w 中的可能世界 w',"x is a farmer"在可能世界 w' 中为真;在模态基础中有一个可能世界 w",w" 至少与 w' 同样正常,对于每一个与 w" 同样正常的可能世界 w''',$\exists y [y$ is a donkey & x beats y] 在可能世界 w''' 中为真。

在模态解释下,语句(72)是说在模态基础的可能世界中每一个农夫都在据有序源来说正常的可能世界中打驴子,但由于模态基础可能不包括现实世界,所以该解释不预设农夫在现实世界中的存在,同时该解释不要求模态基础可能世界中的农夫都打驴子,只是说,农夫打驴子的世界比不打驴子的世界要正常。文卫平认为,模态解释方法对类指算子的解释较为合理,不过有时会让人们接受不太寻常的模态基础和有序源。

情境解释(situations interpretations)　　情境解释是将特征句看成对情境的"制约条件"。"制约"是 Barwise 和 Perry(1983)的情境语义学中的一个重要概念,表达的是情境类型间的关系。例如,$\Sigma \Rightarrow \Sigma'$ 表达的就是一种制约关系,即有类型 Σ 的情境 δ,就有类型 Σ' 的情境 δ'。这里还要介绍"情境类型蕴含参数",它类似于变元,可以赋值给具体的实体、地点或类型。给定 Σ 的赋值函数 f,即 $\Sigma(f)$,由 $\Sigma \Rightarrow \Sigma'$ 就可以得

到 $\Sigma(f) \Rightarrow \Sigma'(f)$。有时一个制约条件是相对于某个背景而言的，那么相对背景 B，制约条件 $\Sigma \Rightarrow \Sigma'$ 就表示为 $\Sigma \Rightarrow \Sigma' \mid B$，其中 B 也是一个情境类型。Krifka（1995：58）给出了类指算子在情境语义学框架下的语义定义。

定义 3.3.5 $\text{Gen}[x_1, \cdots, x_i; y_1, \cdots, y_j]$（Restrictor；Matrix）相对于背景 B 为真（其中，$x_1, \cdots, x_i$ 等以参数形式出现，即相对于 $B[\cdots, \{x_1\}, \cdots, \{x_2\}, \cdots]$），当且仅当

有一个对 B 中的参数的赋值函数 f，对每一个为 B（f）类型的情境，如果 Restrictor（f）为真，那么，f 可以扩展到 f'，这样，Matrix（f'）为真。

在上述定义下，语句（72）重复如下：

（73）A farmer beats the donkey he owns.

该语句的情境分析为：

（73.1）$\text{Gen}[x, s, y]$（x 是情境 s 中的农夫；x 打 y，y 是情境 s 中的驴子）相对于背景 "s 是打驴子的情境" 为真，当且仅当

对于每一个打驴子的情境的 δ，任何在情境 δ 中为农夫的 x，有一个 y，y 是驴子，x 在 δ 中打驴子成立。

文卫平认为，当制约关系的背景不太明确时，情境分析的方法操作就不大方便，需要引入语用因素，这样会增加语句语义解释的任意性。

非单调推理解释（nonmontonicity interpretations） 在逻辑和人工智能领域中，非单调推理概念经常出现，它所提供的形式化机制可以描写获得新信息后取消原有理论的现象。非单调推理的三种方式如下：

（74）A dog has four legs.

    a. 如果 "x is a dog" 为真，且能与 "x has four legs" 的假设相一致，那么，结论 "x has four legs" 为真。

    b. 如果 x is a dog，并且不知道 x doesn't have four legs，那

么得出结论"x has four legs"。

c. 如果 x is a dog，并且 x has four legs 对于 a dog 来说不是反常的，那么得出结论"x has four legs"。

Krifka 认为，（74a）是默认逻辑中的默认规则（default rule）；（74b）是自我认识推理（autoepistemic reasoning），是在缺乏正面知识的情况下的推理，引入了模态算子"不知道"；而（74c）则体现了 McCarthy（1980，1986）的迂回理论或最小蕴涵理论，即概括了与语句所表达情况相悖的所有例外。同时可以看出，非单调推理的解释允许例外，而类指句也允许例外，所以该方法能够在一定程度上解释类指句的意义。

针对上述几种类指语义的不同理论，文卫平认为，除了单调推理解释，其他理论都在归纳理论的框架下，类指都是对足够多个体的量化，只是量化的个体不同，有的量化的是相关个体，有的量化的是典型个体，有的量化的是可能个体。不过文卫平对类指句的研究采用的是模态解释方法，即量化可能个体。

（五）英语类指隐性驴子句

Heim（1982：35）对驴子句的定义：

Donkey sentences are sentences that contain an indefinite NP which is inside an if‑clause or relative clause, and a pronoun which is outside that if‑clause or relative clause, but is related anaphorically to the indefinite NP.

经典的驴子句现重复如下：

(75) a. If a farmer owns a donkey, he beats it.

b. Every farmer who owns a donkey beats it.

均符合 Heim 的上述定义，即条件句或关系句外的代词与句中的不定名词存在照应关系的语句。它们的真值条件为：

$$\forall x \forall y (farmer(x) \land donkey(y) \land own(x, y) \rightarrow beat(x, y))$$

Hess（1989）认为，英语中还有一类驴子句，例如：

（76）A man who rents a donkey feeds it.

其中，"a man" 不是指具体的人，而是相当于 "any man"，表达一个类指概念，是全称解读，并且复数名词也有这种情况，例如：

（77）Three farmers who buy five donkeys must share the cost of feeding them.

Hess 认为（77）中的数词并不是指向具体的三个农夫和五头驴子，而是相当于下面的语句：

（78）Any set of three farmers who（collectively）buy a set of five donkeys must share the cost of feeding them.

文卫平部分地接受了 Hess 的观点，但其对类指句的语义解释不同于 Hess。文卫平比较了经典条件句驴子句和一个类指性驴子句，如下：

（79）a. If a farmer owns a donkey, he beats it.
　　　b. A farmer who owns a donkey beats it.

文卫平指出：（79b）中的 "a farmer" 与驴子句中的不定名词一样，不具有存在意义；代词 it 在句法上无法实现语义上该有的照应关系；该语句有一个隐性频度副词或类指算子量化全句，因此该语句具备驴子句的特征。又由于该类指句没有明显的条件性语素或量词，只有隐性类指算子量化句子，所以称之为类指隐性驴子句。虽然同具驴子句特征，但文卫平认为类指隐性驴子句不具有全称解读，而具有类指解读，因其类指算子 Gen 约束全句，所以两个语句有不同的真值。全称解读要求每个农夫都抽打驴子，而类指解读要求有多于一半的农夫打驴子即可。

根据 Heim 对驴子句的定义，文卫平认为 Hess 提到的复数名词表类指的类指句不属于驴子句范畴。这样，文卫平定义的类指隐性驴子句就一种，即由不定名词短语充当类指成分引导的关系句，其中类指算子承担约束任务，具有量化力量。

二　汉语中的类指句

(一)　与类指成分相关的概念

文卫平指出，汉语的类指成分虽然还没有明确的定义，但作为名词指称义，其与传统的一些指称概念，如集体名词、通名、集合名词等有关。

关于集体名词，文卫平考察了《马氏文通》及赵元任的《汉语口语语法》对名词的划分。《马氏文通》将名词划分为"公名"和"本名"，其中"公名"相当于现在的专名，而"公名"中的"群名"类似于今天的集体名词，称为"人物之聚者"，表示许多个体的组合。赵元任将名词分为四类——个体名词、物质名词、集体名词和抽象名词，其中集体名词是语法意义上的，不能用个体量词，而要用临时量词或部分量词，如"那些战士们""一些桌椅"，也可以由个体名词加类词或物体名词加度量衡量词构成，如"书本""马匹"等，也可以由列举成员的方式构成，如"兄弟姐妹""桌椅板凳"等。

对通名的考察，文卫平指出，提出通名概念的是王力（1985），通名是泛指一切同类事物的名词。例如"驴"泛指一切的驴，而不是某头具体的驴。徐国庆（1999：178）在王力的基础上，提出通名是"着眼于同类事物的共同性特征和不同类事物的区别性特征而形成的泛指性名词"。文卫平指出，通名显然是具有类指意义的。

集合名词主要是参考黎锦熙（2001）的《新著国语文法》和朱德熙（1982）的《语法讲义》。黎锦熙（2001：84）将普通名词分为三种——表个体的、表质料的和表集合的，其中集合名词"是聚多数个体而成的集合体的名词"，如"军队""国""森林"等，前面可以加数词或数量词，如"两国""一支军队"等。黎锦熙的集合名词是个体的集合体，个体与集合间是部分与整体的关系。朱德熙（1982：52）指出，集合名词是由名词性词根加量词性词根组成的复合名词，如"枪支""纸张""人口"等；名词性词根后加"们"也可构成集合名词，如"同学们""孩子们"。但集合名词前不能加个体量词，只能用表示群体的量词或不定量词，如"一部分师生""一批军火""一些亲友"。

基于上述考察，文卫平认为，集体名称、集合名词和通名都具有类指名词的某些共同点，即都是非个体的，但从定义上看，通名泛指一切同类事物，是最接近类指意义的名词。

（二）类指表达式分类

文卫平对汉语类指表达式分类的表述借鉴了陈平、高顺全和仲崇涛的分类，并在他们的基础上提出了自己的观点。

陈平（1991）考察了汉语名词性成分相关的几组概念：有指（referential）/无指（non referential）、定指（identifiable）/不定指（non identifiable）、实指（specific）/虚指（non specific）、通指（generic）/单指（individual）。其中"通指"是指所指对象是整个一类事物（class），而"单指"则指所指对象是一类中的个体（individual）。陈平将汉语名词性成分分为七类："人称代词""专有名词""'这/那'（＋量词）＋名词""光杆普通名词""数词（＋量词）＋名词""'一'（＋量词）＋名词""量词＋名词"（文卫平，2006：66~67）。其中类指成分除了可以通过名词重叠或名词前加"所有""一切"等限定词获得以外，还可以用C~G来表示，并且通常用D和F来表类指。

后来人们发现陈平对类指表达式的分类不够完全，作为类指成分的名词还可以是代词，表回指的第三人称代词就可表类指，如："美国人离不开车，他们是坐在车轮上的民族。"这里的代词"他们"回指"美国人"，表类概念。

高顺全（2004：15~19）在陈平研究的基础上提出了汉语中六种可表通指的语言形式：

1. "光杆普通名词"，如"韩国人不吃香菜"；

2. "准光杆普通名词"，如"我不喜欢红葡萄酒"；

3. "一＋量词＋名词"，如"一个地方的气候跟它的纬度有关"；

4. "这/那＋种（类）＋名词"，如"我们正在研究一种鲸的迁移习性，但我忘了这种鲸的名字"；

5. "第三人称代词"，如"萤火虫是怎样发生的，乡间没有谈起，但古书上却说<u>它</u>是腐草所化成的"，"蚊子是吸血动物，但<u>它们</u>从来不咬我"；

6. "全称性名词性成分和周遍性名词性成分"，如"<u>一切反动派</u>都是纸老虎"。

高顺全指出，"第三人称"表通指仅指表回指的第三人称代词，而表直指的则不行；另外"全称性名词性成分和周遍性名词性成分"其实是一种非典型的通指成分，因为全称和周遍表"可辨识"的某一范围内的所有成员无一例外，而通指则允许例外。

仲崇涛（2001：11~15）将类指成分分为两大类："非限定性"类指成分和"限定性"类指成分。他指出，"非限定性"类指成分包括"光杆名词"和"名词性偏正短语"；"限定性"类指成分主要包括"'的'字结构""借代义类指成分""超语言手段的类指成分（话题标记）"。

"非限定性"类指成分中的"光杆名词"可分为"自然种类"（如"驴子""星星"等）和"非自然种类"（如，"单身汉""仙女"等）；"名词性偏正短语"可以看作"光杆名词"的一个子类，其在指称意义上与"光杆名词"有相同的作用，单独使用时能够起到类指作用，如"可爱的小狗人人喜欢"。由于"名词性偏正短语"是定语和中心语的组合体，所以就二者的不同的意义关系，仲崇涛（2001：12）给出了十种示例。

再看"限定性"类指成分，其"'的'字结构"，例如，"熊猫，纯白色的尤为珍贵"，其中"纯白色的"必须出现在有上位词"熊猫"的情况下，否则表意不明，这里"的"字结构表类指需要其上位词是类指成分；"借代义类指成分"一般是由专门转化而来，已经脱离了专门原有的本质，例如"当今社会更需要<u>雷锋</u>，雷锋永远活在人民心中"，划线的"雷锋"表示具有雷锋精神的、全心全意为人民服务的一类人，而不是指"雷锋"这个人；至于"超语言手段的类指成分（话题标记）"，例如语句"<u>这人</u>，一定不能贪得无厌"（感叹的语气），这里的代词"这"已不具有特指意义了，而表示一种概括化，"这人"也不指向具体的哪个人，而是泛指"人"。

文卫平（2006：70）认为，仲崇涛的划分有其合理性，但"超语言手段"不应作为"限定性"类指成分，而应是"非限定性"的。在上述学者观点的基础上，文卫平认为，汉语中常见的指称类名词性成分还有一个，即"自己"，并给出了一个名词性成分表类指的层级表：

类	非限定性名词成分		限定性名词成分		
←					
光杆名词	一(+量词)+名词	这+名词	这/那(+量词)+名词		第三人称代词
准光杆名词	自反代词"自己"				"的"字结构
指					

文卫平指出，在这个层级表中，越靠近箭头方向的成分在汉语中表类指就越常见，所以最常见的表类指的形式仍然是"光杆普通名词"和"一（＋量词）＋名词"。其与陈平的观点是一致的，只是增加了反身代词"自己"。这样文卫平对汉语类指现象的研究就主要针对"光杆普通名词"、"一（＋量词）＋名词"和反身代词"自己"这三类。

（三）汉语类指句

对照英语类指句分类，文卫平将汉语类指句粗略分为三类：指称类类指句、表特征的类指句及不定名词关联结构。

指称类类指句　指称类类指句中有一个指示类别、指向集合的名词成分，也叫类指成分。类指成分即类指名词短语可以在句中作各种成分，可以充当主语、谓语、宾语和定语。

充当主语的类指名词短语对谓语动词没有特殊要求，所在语句可以是判断句、情态句、感叹句、疑问句等多种句型。例如：

（80）a. 桌子有四条腿。

　　　b. 春晚令多少演员向往哪！

　　　c. 春晚难道不应该继续办下去么？

　　　d. 教师是人类灵魂的工程师。

类指名词短语充当谓语的时候，语句可为"空系词句"（copula - less sentence）、"空动词句"（empty verb sentence）和"系词句"（copula sentence）。"空系词句"中的类指名词只能是光杆普通名词或准光杆普通名词，如"今天圣诞节"；"空动词句"中的类指成分应该是两两对举或在语境中获得顺序义的名词，且两种情况下的类指成分分别只能是准光杆普通名词和光杆普通名词，例如"我板面，李四酸辣粉""孩子都中学了，马上大学了，完了就研究生了吧"；"系词句"中的类指名词形式可以是光杆普通名词、准光杆普通名词、"一（＋量词）＋名词"，例如"张敏的父亲是海军""欧洲人是白种人""皮划艇是一项水上竞技项目"。

类指成分在句子中作宾语的情况有两种：一是普通句中的宾语，二是存现句中的宾语。普通句中，类指成分可以是光杆普通名词、准光杆普通名词、类指量短语、第三人称回指代词、"的"字结构，其中"的"字结构要出现在话题句中，例如"汽车，我喜欢银色的"；而存现句中的类指成分只能是光杆普通名词和准光杆普通名词，例如"台上摆着鲜花"。

充当定语的类指名词形式主要有光杆普通名词、准光杆普通名词和"一（＋量词）＋名词"，如"教师的职责是传道、授业、解惑""葡萄酒的芳香让他痴迷""一个人的成功离不开坚持不懈的努力"。

特征类类指句　汉语中特征句主要出现在表抽象事件的动词谓语句中。根据所抽象的事件的不同类型，特征句主要有这样三种——重复性事件句、意向性事件句和规律性事件句，例句分别如下：

(81) a. 张三一起床就去早市溜达。

b. 老年人爱好京剧。

c. 狗见了主人就摇尾巴。

表特征的类指句中可以有类指成分，如（81b、81c），也可以没有类指成分，如（81a）。

不定名词关联结构　文卫平（2006：78）给出了两种关联结构句式——"一（＋量词）＋NP…一（＋量词）＋NP"和"NP…NP"，其例句分别如下：

(82) a. 一人做事，一人当。

b. 一人挣钱，一人花。

（83）a. 自己的房子，自己贷款。

　　　b. 自己买房子，自己贷款。

　　　c. 个人的书，个人出版。

　　　d. 个人写书，个人出版。

文卫平认为，句式（83）实际上是句式（82）的变体，其中的"自己"和"个人"实为单数不定名词，表"一个人"的意思；（83a）和（83c）又分别是（83b）和（83d）的变体，表面上看（83a）和（83c）是单句，但它们可以理解为复句。文卫平还指出，进入两种句式中的 NP 要满足三个条件——NP 为类指成分、NP 处在类指成分层级表的左端位置、NP 为不定名词短语单数，否则句子不合格。例如：

（84）a. 张三的问题，张三解决。

　　　b. 这男人的心，这男人理解。

　　　c. 一些人做事，一些人担当。

（84a）中的"张三"为有定名词，不表类指；（84b）中的"这男人"处在类指成分层级表的中、右位置，虽表类指，仍不能进入该句式；（84c）中的"一些人"不为单数，所以该语句也不合格。

　　这里文卫平还提到了"wh…wh"结构，他指出，疑问词作非疑问用法时，相当于不定名词，所以该结构可以看作一种由不定名词充当关联成分的关联结构。正如本章第一节提到的，具有"wh…wh"结构的语句，例如"谁买房，谁贷款"，是典型的驴子句，而且该结构中的第二个疑问词有时候可以用代词替换，如"谁要这破厂，我就计给他/谁"，而类指成分充当关联成分的关联结构中，如（82）和（83）前后两个子句中的不定名词都是成对出现的，没有可替换的代词出现。这一现象在文卫平给出的汉语类指隐性驴子句的投射原则中有所表述。

（四）汉语类指隐性驴子句

　　在考察了汉语类指句后，文卫平给出了不定名词关联结构两种句式的三个特征：第一，"一（＋量词）＋NP"和不具有存在意义、不指称单个个体而是指具有某种特征的个体组成的类或集合，为类指名词短语；

第二，第二个子句中的不定名词短语在语义上照应与自己没有句法照应关系的第一个子句中的不定名词短语；第三，这些语句允许例外情况，例如语句（82b）"一人挣钱，一人花"，在生活中也有"一人挣钱，另一人花"的情况。那么从真值角度来看，语句（85）和（86）具有相同的真值条件：

（85）a. 一人挣钱，一人花。

　　　b. 自己买房子，自己贷款。

　　　c. 个人写书，个人出版。

（86）a. 常常是，一人挣钱，一人花。

　　　b. 常常是，自己买房子，自己贷款。

　　　c. 常常是，个人写书，个人出版。

这样看来，（85）中的语句都含有一个隐性类指量词 Gen，该量词可以跨语句约束第二子句中的不定名词。

文卫平（2006：81）将总结的上述三个特征与经典驴子句的特征相对照，认为两者相似度极高，并将这三个特征概括为汉语类指隐性驴子句效应生成原则：

> 对含两个关联的不定名词的结构（ψ, φ），如果 ψ 中有一个类指成分，φ 中也有一个同一的类指成分，则隐性类指算子 Gen 无选择约束全句，产生驴子句效应。

文卫平（2006：86～87）从话语层面对以关联结构形式出现的类指隐性驴子句进行意义解释，并根据组合原则认为类指存在投射问题，即如何计算一个句子的类指意义，其对类指隐性驴子句的投射原则表述为：

a. 如果第一个子句 S_1 是类指（Gen）并且第二个子句 S_2 也是类指（Gen），则整个句子 S 是类指（Gen）。

b. 如果第一个子句 S_1 是类指（Gen）而第二个子句 S_2 是特指（Spe），则整个句子 S 在语义上不能成立。

c. 如果第一个子句 S_1 是特指（Spe）而第二个子句 S_2 是类指

（Gen），则整个句子 S 是特指（Spe）。

按照上述投射原则来分析下面的语句：

（87）a. 一人挣钱，一人花。

b. 一人挣钱，他花。

c. 他挣钱，自己花。

（87a）为类指句，因为"一人挣钱"和"一人花"都是类指；（87b）是错的，因为第一个子句是类指，第二个子句是特指；（87c）为特指，因为第一个子句是特指，第二个子句是类指。

汉语类指隐性驴子句的逻辑公式可以表示为：

$$\text{Gen}_{x,y}[\psi][\varphi]$$

其中 Gen 为类指量词，无选择地约束 ψ 和 φ 中的变元 x 和 y。

虽然汉语类指隐性驴子句表现为"一（＋量词）＋NP...一（＋量词）＋NP"结构，但文卫平指出，并不是该结构下的所有语句都是类指隐性驴子句，例如：

（88）治一个，好一个，真好大夫。

将该语句中省略的 NP 补充出来，其前两个子句为：

（89）治一个病人，（治）好一个病人。

语句（89）是一个标准的"一（＋量词）＋NP...一（＋量词）＋NP"结构，其真值为，所有治疗过的病人都被医治好了，没有例外情况，其真值条件同下面的语句：

（90）总是，治一个病人，（治）好一个病人。

其中的不定名词不做存在解读，而是表全称概念，做全称解读。

文卫平认为，类指算子 Gen 相当于频度副词"usually"（常常），而表全称解读的语句其隐性量词相当于"always"（总是），类指算子约束语句，只要求有足够多（多余 50%）个体满足该语句所断言的特征，句子就为真，而当个体足够多，到达 100% 时，该语句就为全称量化语句。这样看来，"全称"可以看作"类指"的极限情况。文卫平倾向于将两者区分开来。

再将（87a）与（89）进行比较，现重复如下：

　　　（91）a. 一人挣钱，一人花。

　　　　　　b. 治一个病人，（治）好一个病人。

文卫平认为，两个语句之所以有不同的解读，不同的真值条件，是因为两个语句中不定名词的位置不同，即充当的成分不同。语句（91a）的不定名词为主语，产生类指解读，而（91b）中的不定名词为宾语，产生全称解读，这与文卫平前面提到的类指句中类指成分充当不同成分所要求的类指形式相一致，即充当宾语的类指成分不能为"一（＋量词）＋NP"结构。

在考察了汉语类指隐性驴子句的"一（＋量词）＋NP……一（＋量词）＋NP"表现结构后，文卫平对照英语类指隐性驴子句，现重复如下：

　　　（92）A farmer who owns a donkey beats it.

认为该语句的汉语翻译：

　　　（93）有驴子的农夫打驴子。

也是类指隐性驴子句，原因是前置关系小句"有驴子的"中的"驴子"是类指概念，不指向任何具体的驴子，另外，关系小句中的不定名词"驴子"语义上与前置小句中的"驴子"存在照应关系，虽然它们在句法上不具有这种关系，并且该语句的真值条件不要求每个有驴子的农夫都打驴子。

汉语中类似语句（93）的例子有很多，它们都是"VP＋的"的"的"字结构引导的句子，例如文卫平（2006：132）所列举的语句：

（94）a. 喜欢书的人爱惜书。

　　　b. 有孩子的女人宠孩子。

而（94）还可以用光杆"的"字结构表现为：

（95）a. 喜欢书的爱惜书。

　　　b. 有孩子的宠孩子。

（94）和（95）具有相同的真值条件，都表一般规律，但允许例外情况，所以文卫平认为，类指隐性驴子句的"的"字结构可以有两种句式——"（VP＋的）＋N"和"（VP＋的）＋Φ"，例句分别如下：

（96）a. 有驴子的农夫打驴子。

　　　b. 有驴子的打驴子。

第四节　汉语驴子句小结与再考察

本章前三节梳理了国内学界对汉语中驴子句现象的分析和考察。总的来看，国内学者提出了三类驴子句，即条件句驴子句、关系句驴子句和类指隐性驴子句，同时给出了相应的典型语法结构和例句。本节将对这三类汉语驴子句进行归纳总结，并在此基础上，结合英语驴子句的典型特征和汉语的语法特点，给出我们所要研究的四类汉语驴子句及例句，这些语句将作为第四章的重点考察对象。

一　三类汉语驴子句小结

（一）条件句驴子句

虽然针对 Cheng 和 Huang 提出的两类条件句驴子句，不同的学者有不同的观点，但对存在条件句驴子句这一点上他们是有共识的。下面我们总结一下主要的几种条件句驴子句观点。

Cheng 和 Huang 提出了两类条件句："光杆条件句"和"如果/都条

件句"。"光杆条件句"中没有明显的条件句语素"如果",也没有明显的量词"都"（相当于"all"）；结果子句中的"就"（相当于"then"）是可选择性地出现的；结果子句中的照应语必须与条件子句中的疑问词一致,而不能是代词、有定名词、空范畴,或是意译该疑问词的另一个不同的疑问词；疑问词要成对出现。"如果/都条件句"的条件子句前要有"如果",结果子句中要出现量词"都"；结果子句中回指条件子句的疑问词的元素不能是一个疑问词,而要是一个代词或是有定名词或是空范畴,且结果子句中也不需要回指照应条件子句中疑问词的对象。两类条件句的代表示例如下：

> (97) a. 谁先来,谁先吃。
>
> b. 如果你看到谁,请叫他（她）/那个人/［e］来见我。
>
> c. 你叫谁进来,我都见他（她）/那个人/［e］。

林若望、Pan 和 Jiang 认为 Cheng 和 Huang 的两类驴子句都有例外的情况,"光杆条件句"的结果子句中可以出现非疑问词照应语,而"如果/都条件句"的结果子句中可以出现疑问词照应语。两类驴子句的示例可以是：

> (98) a. 谁要这破厂,我就让给他（她）/谁。
>
> b. 谁想去北京,［e］/请/得/必须/一定到我这里报到。
>
> c. 谁要是娶了他女儿,谁就可以继承他的事业。

黄爱军从语义角度分析,认为两类条件句间不存在明显的区别特征,汉语驴子句实际上只有一种,即条件句,例如：

> (99) a. （如果）谁先来,谁（就）先吃。

文卫平认为,Cheng 和 Huang 的研究有缺陷,其理论内部出现不一致,且两类汉语驴子句的划分没有全面充分地描写汉语语言事实。文卫平更赞同 Heim（1982）对光杆条件句的定义,即不含显性模态词或量化词的条件句,且认为用模态词的概念来定义条件句驴子句更有概括力和解释力。在此基础上，文卫平提出汉语条件句驴子句有两种表现形式："wh…wh"关联结构及常规结构"如果…就"句式。其中"wh…wh"关联结构表条件的格式概括为：

> wh（要是）…wh（就）
>
> （如果）wh…wh（就）
>
> （只要）wh…（就）wh

例句为：

> （100）a. 谁（要是）反对它，谁（就）是我们的敌人。
>
> 　　　b. （如果）谁反对它，谁（就）是我们的敌人。
>
> 　　　c. （只要）看见谁，（就）逮谁。

常规结构"如果…就"，相当于 Cheng 和 Huang 的"如果 – 条件句"，例句为：

> （101）a. 如果谁找我，请他到我办公室来。
>
> 　　　b. 如果你见到了谁，请叫那个人来见我。
>
> 　　　c. 如果谁想去北京，请［e］到这里报名。

（二）关系句驴子句

对照英语关系句驴子句，文卫平认为汉语中也存在关系句驴子句。文卫平首先考察了汉语中的三种"的"字结构，并在生成语法的框架下论证了其中的"VP + 的 + N"结构表现为汉语关系小句。文卫平对照 Ning（1993）及 Heim 和 Krazter（1998）对英语关系从句的句法分析及 Ning（1996）和杨彩梅（2003）对"有出息的"结构的句法分析，认为"VP + 的 + N"结构与英语的关系从句有非常整齐的对应关系，且其中的"的"分别相当于英语的 that、which、those 和 whose 等引导词。随后文卫平又将该结构的语义与英语关系从句的语义相比较，发现二者的生成过程也十分相似。这样，汉语关系句的"的"字结构与英语关系从句的句法和语义都是相似的甚至是相同的。文卫平给出了三种"的"字结构形式："（VP＋的）＋N"句式、"N＋（VP＋的/者）"句式和"（VP＋的/者）＋Φ"句式，然后给出相应例句，并对照典型英语驴子句的基本特征，得出结论：三种句式下的语句均符合英语驴子句的基本特征，均为典型的驴子句。

三种句式对应的驴子句现重复如下：

（102）（VP＋的）＋N句式

　　a. 凡有驴子的农夫皆打驴子。

　　　每个有驴子的农夫都打驴子。

　　b. 有驴子的农夫皆打驴子。

　　　有驴子的农夫都打驴子。

（103）N＋（VP＋的/者）句式

　　a. 凡农夫有驴子者，皆打驴子。

　　b. 农夫有驴子的，都打驴子。

（104）（VP＋的/者）＋Φ句式

　　a. 凡有驴子者，皆打驴子。

　　b. 有驴子的，都打驴子。

文卫平详细分析道：（102）是前置关系小句，（103）是后置关系小句，它们翻译成英文后，都与经典量化关系句驴子句"Every farmer who owns a donkey beats it"相一致，所以这两个句式都是经典的关系句驴子句；至于（104），文卫平引用了吕叔湘（1982：78）对此种句型的解释，即，表示"……的人"。这样（104）中的语句实为：

（105）a. 凡有驴子的人，皆打驴子。

　　　b. 有驴子的人，都打驴子。

翻译为英语为"Every man who owns a donkey beats it"。这样，三种句型的汉语关系句驴子句都具有英语驴子句的基本特征，只是第一种和第三种句型更常见一些。

（三）类指隐性驴子句

文卫平对类指句语义的考察，主要针对特征句。文卫平从考察英语类指句入手，分析类指句的分类、特点及语义特征，给出英语类指隐性驴子句，并认为类指隐性驴子句就一种，即由不定名词短语充当类指成分引导的关系句，其中类指算子承担约束任务，具有量化力量。在借鉴了陈平、高顺全和仲崇涛对汉语类指表达式的分类后，文卫平在他们的基础上提出了自己的观点，将自己的研究主要集中在"光杆普通名词"、"一（＋量词）＋名词"和反身代词"自己"这三类类指表达式，并给出了一个名词性成分表类指的层级表。在考察了汉语类指句后，文卫平给出了不定名词关联结构两种句式，即"一（＋量词）＋NP…一（＋量词）＋NP"和"NP…NP"，考察了该结构的特征，并将其特征与经典驴子句的特征相对照，认为两者相似度极高，从而将其概括为汉语类指隐性驴子句效应生成原则；而后文卫平从话语层面对以关联结构形式出现的类指隐性驴子句进行意义解释，并根据组合原则给出类指隐性驴子句的投射原则。至此，文卫平提出了"一（＋量词）＋NP…一（＋量词）＋NP"结构作为典型的汉语类指隐性驴子句的表现形式。最后，文卫平对照英语类指隐性驴子句"A farmer who owns a donkey beats it"，认为其汉语翻译"有驴子的农夫打驴子"也是类指隐性驴子句，并认为，该汉语翻译句所代表的"的"字结构中有两种句式，即"（VP＋的）＋N"和"（VP＋的）＋Φ"能够表现类指隐性驴子句。这样，文卫平提出的汉语类指隐性驴子句就有两类表达式，分别为"不定名词关联结构"的两种句式及"的"字结构的两种句式，示例分别如下：

（106）"一（＋量词）＋NP…一（＋量词）＋NP"句式

　　a. 一人做事，一人当。

　　"NP…NP"句式

　　b. 个人的书，个人出版。

　　c. 自己买房子，自己贷款。

（107）"（VP＋的）＋N"句式

　　a. 有驴子的农夫打驴子。

　　"（VP＋的）＋Φ"句式

　　b. 有驴子的打驴子。

（四）文卫平的三类驴子句汇总

上面提到的三类汉语驴子句中，关系句驴子句和类指隐性驴子句都是文卫平（2006）提出的观点，而且其对条件句驴子句也有自己的见解，那么在进入下一部分前，我们先来综观文卫平的三类汉语驴子句。

文卫平将英汉驴子句句式进行了对比，给出相应的句法对照表：

英语驴子句 {
条件句　（显性条件语素）
关系句　量化句（显性量化词）
　　　　类指句（隐性量化词）
}

汉语驴子句 {
条件句　（显性条件语素）
关系句　量化句（显性/隐性量化词）
　　　　类指句（隐性量化词）
类指句　不定名词关联结构（隐性量化词）
}

由对照表可见，文卫平将英语类指句划归到关系句中，但其指出类指句的真值条件与量化关系句是不同的；而汉语关系句中的类指句是指表类指的两种"的"字结构，同样其真值条件不同于量化关系句。

对应英汉驴子句的句式表，文卫平（2006：135）给出了相应的例句：

英语驴子句 {
a. If a farmer owns a donkey, he beats it.
b. Every farmer who owns a donkey beats it.
c. A farmer who owns a donkey beats it.
}

汉语驴子句 {
a. 谁（要是）有驴子，谁（就）打驴子。
b. 凡有驴子的农夫皆打驴子/每个有驴子的农夫都打驴子。
c. 有驴子的农夫打驴子。
}

二　汉语驴子句再考察

我们对汉语驴子句的考察是以两个经典的英语驴子句为蓝本的，是要在汉语中寻找与英语驴子句所特有的语言现象相似或相同的语句。那么，首先让我们回过头来重新审视英语中的两个经典驴子句，现重复如下：

（108）a. If a farmer owns a donkey, he beats it.

b. Every farmer who owns a donkey beats it.

对照 Irene Heim（2011：35）在其论文"The Semantics of Definite and In-definite Noun Phrases"中对驴子句的定义：

Donkey sentences are sentences that contain an indefinite NP which is in-side an if – clause or relative clause, and a pronoun which is outside that if – clause or relative clause, but is related anaphorically to the indefinite NP.

我们可以看出，驴子句是这样一种语言现象：条件句或关系句外的代词与该句中的不定名词存在照应关系。传统一阶逻辑一般地将不定冠词"a"理解为一个存在量词，这样，驴子句中的代词在句法上就与不定名词无照应关系，但就驴子句的自然理解来看，句中的代词与不定名词在语义上是存在照应关系的。所以直觉上更接近驴子句所表达语义的真值条件的公式应该为：

$$\forall x \forall y(\mathrm{farmer}(x) \wedge \mathrm{donkey}(y) \wedge \mathrm{own}(x, y) \rightarrow \mathrm{beat}(x, y))$$

虽然有人对上述真值条件提出不同观点，认为全称解读过强，并列举具有驴子句句法现象的其他语句的不同读法和真值条件，但这里我们主要针对两个经典驴子句的汉语相应式及汉语的特殊句法来考察汉语中的驴子句现象。最后我们给出的各类汉语驴子句的例句也会尽量与英语驴子句中涉及的语素保持一致。

（一）汉语条件句驴子句

考察汉语条件句驴子句，我们要以英语条件句驴子句为参照，并结合汉语条件句的特点。英语条件句驴子句为"If a farmer owns a donkey, he beats it"，该语句有明显的条件句语素"if"，结果子句中的两个代词"he"和"it"分别照应条件子句中的不定名词"a farmer"和"a don-key"。下面我们就参照英语条件句驴子句来看汉语中可能的条件句驴子句。

汉语中条件句的连词搭配有很多，这里我们只列举并使用几个较常用的，例如"如果…就（会）""要是…就（会）"等。汉语中的不定名词可以有两种表现形式，一个是"一（＋单位词）＋名词"，另一个是表"非疑问"的疑问词，即"wh...wh"结构。那么，我们就两种不定名词的表现形式来看相应的可能驴子句。

"一（＋单位词）＋名词" 这里我们对照英语条件句驴子句，按照字面将其翻译为汉语：

（109）如果一个农夫有一头驴子，他就打它。

虽然（109）将英语驴子句中的每个词都翻译为相应的汉语词汇，但其中的"一头驴子"会造成这样的假设：（109）的结果子句只表达仅拥有一头驴子的农夫和其驴子间的关系情况。但英语条件句驴子句并没有这样的要求，而且从其真值条件来看也是不存在这一假设的，所以（109）的翻译可变为：

（110）如果一农夫有驴子，他就（会）打它。

语句（110）的语义更接近于英语条件句驴子句，所以可以将其作为英语条件句驴子句的汉语翻译。既然古典一阶逻辑是处理自然语言的符号逻辑，那么对汉语中的不定名词也具有相同的处理方法，所以英语条件句驴子句的汉语翻译句就可以作为汉语的条件句驴子句。当然，汉语中连词的位置还可以有变化，所以语句（110）还可以表述为："一农夫如果有驴子，他就（会）打它。"那么换成"要是...就"，英语条件句驴子句的翻译就为：

（111）a. 要是一农夫有驴子，他就（会）打它。
　　　　 b. 一农夫要是有驴子，他就（会）打它。

（110）和（111）是最大限度上与英语驴子句句法保持一致的汉语译句。但在语义上，汉语还有其他可能的句式。英语条件句驴子句中的"a farmer"和"a donkey"都不是指向具体的"某个农夫"和"某头驴子"，而是表类指，是表示具有"farmer"和"donkey"性质的集合中的任何可能个体。其真值条件

$$\forall x \forall y (\,farmer(x) \wedge donkey(y) \wedge own(x,y) \rightarrow beat(x,y)\,)$$

即可说明这一点。那么相应地，在汉语中具有上述真值条件的表达式还可以有：

> （112）a. 如果农夫有驴子，农夫/他就（会）打驴子/它。
>
> 　　　　b. 农夫要是有驴子，农夫/他就（会）打驴子/它。

这里，结果子句中的照应语是可以省略的，这里先不考虑省略的情况，我们会将照应语的省略情况单独列出来讨论。

"wh…wh"结构　疑问词表非疑问也是不定名词的一种表现形式。"wh…wh"结构的两个疑问词在句中的成分可以是相同的，也可以是不同的，例如：

> （113）a. 谁先来，谁就开门。
>
> 　　　　b. 你喜欢谁，我就喜欢谁。
>
> 　　　　c. 谁迟到，就罚谁的钱。
>
> 　　　　d. 你欠谁钱，谁就会找你要。

这里，我们还是以英语条件句驴子句为参照，在该结构中找寻可能的汉语驴子句。将驴子句中的语素套入"wh…wh"结构，疑问词只能用来表示"农夫"了，所以，该结构下的驴子句可以表示为：

> （114）a. 如果谁有驴子，谁就（会）打驴子/它。
>
> 　　　　b. 谁要是有驴子，谁就（会）打驴子/它。

上述"wh…wh"结构的语句其实与 Cheng 和 Huang 的"光杆条件句"例句一样，Cheng 和 Huang 认为疑问词要成对出现，但很多学者们都对此提出异议，认为疑问词可以不成对出现，且结果子句中的照应语可以用代词来替换，那么（114）也同样，可以重述为：

> （115）a. 如果谁有驴子，谁/他就（会）打驴子/它。
>
> 　　　　b. 谁要是有驴子，谁/他就（会）打驴子/它。

那么这里同样存在照应语可以省略的情况，我们将在后面部分加以详述。

这样，汉语条件句驴子句可以有如下示例，我们仅以一种连词为例：

> （116）a. 如果一农夫有驴子，他就会打驴子/它。
>
> 　　　　b. 如果农夫有驴子，农夫/他就会打驴子/它。
>
> 　　　　c. 如果谁有驴子，谁/他就会打驴子/它。

我们将摹状词"会"显现在语句中，是为了让语句显得更加饱满，并不影响语义。

（二）汉语关系句驴子句

同样，我们参照英语关系句驴子句，结合汉语关系句特征来考察汉语中可能的关系句驴子句。英语关系句驴子句为"Every farmer who owns a donkey beats it"，该语句有显性全称量词"every"，代词"it"语义上照应不定名词"a donkey"。汉语中表全称的语素有"每个""所有""都"等；关系小句则表现为"的"字结构，其三种形式为："（VP+的）+N"句式、"N+（VP+的/者）"句式和"（VP+的/者）+Φ"句式。我们先看英语关系句驴子句字面上的汉语翻译：

> （117）每个有一头驴子的农夫（都）打它。

该翻译明显与英语驴子句所要表达的意思不相符，所以语义上，与英语关系句驴子句相应的翻译应该为：

> （118）每个有驴子的农夫都打驴子。

该语句对应的是"（VP+的）+N"句式，那么其等价的另两种句式为：

> （119）a. 农夫有驴子的都打驴子。
>
> 　　　　b. 有驴子的都打驴子。

我们认为，除了三种"的"字结构外，含有显性全称量化词的"wh…wh"关联结构也可以纳入关系句驴子句中，例如"谁有驴子，谁都打驴子"，那么同样，第二个疑问词可以替换为其他照应语，第二个"驴子"也可以换作代词，比如"谁有驴子，他都会打它"。这样，我们认为汉语关系句驴子句可以为：

（120）a. 每个有驴子的农夫（都）打驴子。

　　　　b. 有驴子的农夫都打驴子。

　　　　c. 农夫有驴子的都打驴子。

　　　　d. 有驴子的都打驴子。

　　　　e. 谁有驴子，谁/他都会打驴子/它。

（三）　汉语类指隐性驴子句

英语中的类指隐性驴子句"A farmer who owns a donkey beats it"虽然没有被列入经典驴子句，但该句仍然具有驴子句的一般特征，即代词"it"虽然在句法上不在"a"的辖域内，但语义上与"a donkey"存在照应关系。其没有显性的量词或条件语素，但含有隐性的量化词 Gen，相当于频度副词"usually"。从归纳理论来看，类指句与经典驴子句要求的概率不同，一个是"大于 0.5"，一个是"等于 1"。语义上，英语类指隐性驴子句的汉语翻译应该为：

（121）一有驴子的农夫打驴子。

该语句比文卫平的英汉驴子句对照中的汉语类指隐性驴子句多了一个数词"一"，其在语义上与"有驴子的农夫打驴子"是一样的。文卫平在论述汉语类指隐性驴子句时提到了两类表现形式——"一（＋量词）＋NP……一（＋量词）＋NP"和两种"的"字结构句式，那么在这两类表现形式下，汉语类指隐性驴子句可能的表现形式为：

（122）a. 个人（自己）有驴子，个人（自己）打。

　　　　b. 有驴子的农夫打驴子。

　　　　c. 有驴子的打驴子。

对照上面我们在关系句驴子句中提到的"wh…wh"关联结构，该结构也可以有表类指的语句，例如"谁有驴子，谁打驴子"，我们认为，直觉上该句中第二个疑问词不可用其他类型的照应语来替换，否则句子

不通。这样，我们就在文卫平的基础上再增加一个类指隐性驴子句，将
（122）变为（122*）：

　　　　a. 个人（自己）有驴子，个人（自己）打。

　　　　b. 一有驴子的农夫打驴子。

　　　　c. 有驴子的农夫打驴子。

　　　　d. 有驴子的打驴子。

　　　　e. 谁有驴子，谁打驴子。

我们将（122*）视为可能的汉语类指隐性驴子句。

（四）汉语驴子句的省略情况

　　省略现象在汉语中是很常见的，只要在上下文或是语篇中可以明白
一语句所表达的内容，语句中就可省略主语、宾语、动词等，那么涉及
我们所谈论的汉语驴子句，其省略的可以是作为主语的名词短语或代词，
也可以是作为宾语的名词短语或代词。下面我们就给出上面所提到的各
类汉语驴子句的可能的省略情况：

　　　（123）a. 如果一农夫有驴子，他／［e］就会打它／［e］。

　　　　　　b. 如果农夫有驴子，农夫／他／［e］就会打驴子／它／［e］。

　　　　　　c. 如果谁有驴子，谁／他／［e］就会打驴子／它／［e］。

　　　　　　d. 农夫有驴子的都打［e］。

　　　　　　e. 有驴子的都打［e］。

　　　　　　f. 谁有驴子，谁／他／［e］都会打驴子／它／［e］。

　　　　　　g. 个人（自己）有驴子，个人（自己）打［e］。

　　　　　　h. 谁有驴子，谁打驴子／［e］。

其中（123a、123b、123c）为条件句驴子句的可能情况，（123d、123e、
123f）为关系句驴子句的可能情况，（123g、123h）为类指隐性驴子句的
可能情况。

第四章 基于 DRT 框架的汉语驴子句处理

我们在第二章中简述了话语表现理论（简称 DRT）的基本框架，并给出了 DRT 对英语驴子句的处理方法和结果。在这一章中，我们要尝试在 DRT 框架下处理汉语驴子句。由于 DRT 的一个主旨是解决英语驴子句现象，其从句法到语义都是针对英语这一语言的，所以要想在 DRT 框架下处理汉语驴子句，我们就要先尝试对原有的 DRT 框架进行必要的改造，当然这一改造主要是结合汉语驴子句所涉及的汉语的特殊语法现象，之后我们再来尝试在改造后的 DRT 框架下处理汉语驴子句。为了表述方便，我们将融合了汉语语法现象的 DRT 记作 DRT$_c$。

第一节　DRT$_c$的句法规则

我们对 DRT 框架的改造从句法规则开始，按照 DRT 原有的框架结构，保留其对于相关汉语语句来说适用的规则，同时融入汉语的特殊句法形式。DRT 的句法理论包括"短语结构规则"（phrase structure rules）和"词汇插入规则"（lexical insertion rules），那么我们也分别来看 DRT$_c$的相应两个部分。

DRT$_c$的基本的短语结构规则：

（A） S→NP VP

（B） VP→Vt NP

（C） VP→Vi

（D） NP→PN

（E） NP→WH

（F） NP→PRO

（G） NP→DET N

（H）NP→N

词项插入规则：

PN→张三，李四，王五，《红楼梦》，联合国……

Vt→喜欢，拥有，抽打……

Vi→跑……

PRO→他，她，它，他们，她们，它们

DET→一/每/这/那（单位词），许多，大多数，一些，所有……

N→动物，农夫，人，驴子，苹果……

WH→谁，什么……

虽然英汉两种语言的句法有很多不同，但也有相似的地方，英语的一些基本短语结构规则对汉语语句同样适用。例如语句"张三喜欢《红楼梦》"，其生成过程如下：

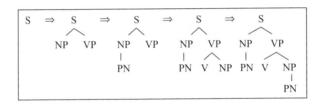

再由词汇插入规则得到下面的结果：

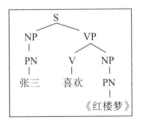

考虑到英语中存在的主谓一致问题，DRT 在句法规则中相应地标记出不同的特征参数，那么 DRT_c 的句法规则同样要标记出汉语中涉及主谓一致的不同特征参数。参照英语主谓一致所涉及的特征，我们来一一对照汉语中的情况。

首先看"数"这一特征，同样有两个可取值——单数（sing）和复数（plur），这一特征在汉语中主要适用于 NP、PN、DET、PRO，这里要说明的是，英语语句有单数和复数之分，而汉语语句只有简单句和复合句之分，所以对语句 S 就不作"数"特征的标记，至于复合句，如条件句等，则由联结词来体现。再来看"格"（Case）特征和"性"（Gender）特征，汉语中虽然也有主谓之分，但在词汇上没有格的区分；至于"性"特征（用 Gen 表示）也有三种取值——男性（male）、女性（fem）和非人类（-hum），范畴 N、NP、PN、PRO 也都受该特征影响。汉语中的动词也有及物和不及物之分，那么相应的"Trans"特征，也是两个取值：+、-。汉语的否定句不涉及助动词，所以不涉及"Fin"这一特征。而对关系句的刻画，汉语中没有关系代词，这里我们涉及"的"字结构，这将在后面给予详细说明。DRT 在考虑关系句时提到了省略的问题，我们在第三章中也提到了，我们将汉语驴子句的省略情况单独列出，要进行专门处理，所以我们的 DRT_C 中也涉及省略的问题，只不过不是仅在关系句中出现。那么我们也可以将"省略"即语句主语或谓语位置的空缺记为"Gap"，而被省略的部分要与语句的相关部分保持主谓一致，而我们先前提到的汉语驴子句中省略的也都是名词短语，所以我们也用"Gap = NP"来表示省略了名词短语的情况，相应的名词短语的单复数及"性"特征的取值同前面提到的相一致，那么"数"特征的取值为"$Gap = NP_{Num = sing}$"和"$Gap = NP_{Num = plur}$"；而"性"特征的取值表示为"$Gap = NP_{Gen = male}$"、"$Gap = NP_{Gen = fem}$"和"$Gap = NP_{Gen = -hum}$"。

　　同样，上述特征细化到已有 DRT_C 句法结构中也有两种方法，一种是"explicit rules"，另一种是"covering rules"。我们用"covering rules"方法将上面提到的汉语驴子句所涉及的相关特征细化到句法结构中，如下：

（D）　$NP_{Num = \alpha} \rightarrow PN_{Num = \alpha}$

　　　　$NP_{Gen = \beta} \rightarrow PN_{Gen = \beta}$

（F）　$NP_{Num = \alpha} \rightarrow PRO_{Num = \alpha}$

　　　　$NP_{Gen = \beta} \rightarrow PRO_{Gen = \beta}$

（G）　$NP_{Num = \alpha} \rightarrow DET_{Num = \alpha} N$

　　　　$NP_{Gen = \beta} \rightarrow DET N_{Gen = \beta}$

相应的词汇插入规则也要细化，我们只列出所需的主要部分：

$DET_{Num = sing} \rightarrow$ 一/每/这/那（单位词），某 +（单位词）

$DET_{Num = plur} \rightarrow$ 许多，大多数，一些，所有……

$PRO_{Num = sing \& Gen = male} \rightarrow 他$

$PRO_{Num = sing \& Gen = fem} \rightarrow 她$

$PRO_{Num = sing \& Gen = -hum} \rightarrow 它$

$PN_{Num = sing \& Gen = male} \rightarrow 张三，李四，王五……$

$PN_{Num = sing \& Gen = fem} \rightarrow 玛丽，李红……$

$PN_{Num = sing \& Gen = -hum} \rightarrow 地球，太阳，《红楼梦》，《三国演义》……$

$N_{Gen = male} \rightarrow 农夫，男人……$

$N_{Gen = fem} \rightarrow 女人，空姐……$

$N_{Gen = -hum} \rightarrow 书，驴子，苹果……$

那么语句"张三喜欢《红楼梦》"有特征标记的句法结构为：

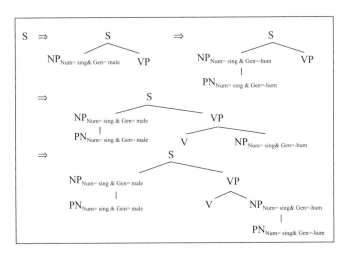

应用词项插入规则得：

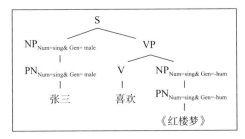

汉语的句法结构千变万化，词汇也相当丰富，这里我们无法一一列举，所提到的句法结构规则和词汇插入规则都是相对简单的针对汉语驴

子句处理的部分语法现象。详细而完整的汉语句法的形式化表示将是未来研究工作的一个重要方面，这里我们仅尝试粗略地表示出非常有限的一部分句法规则。

第二节　DRT_C 的话语表现结构

给出了部分汉语的句法规则后，我们要来看看汉语的语义表现，即构造基于汉语句法规则的话语表现结构，为区别原 DRT 的话语表现结构 DRS，我们这里记为 DRS_C。DRS_C 同样不是单个语句的语义表现，而是更大的语言单位的语义表现，较大语言单位的 DRS_C 同样是通过处理每一个小句进行语义传递和叠加而得来的。

一　DRS_C 结构及构造算法

第二章中 DRS 结构的给出是通过语句（7）"Jones owns Ulysses"的句法结构（7.1）一步步得来的。我们发现，汉语句"张三喜欢《红楼梦》"的生成过程与语句（7）是一样的，所以我们直接给出 DRS_C 的构成（同 DRS）：

（i）DRS_C 的论域（universe），即一个话语指称的集合，位于图表的顶部；

（ii）DRS_C 条件集（DRS – conditions），一般位于论域下方。

DRS_C 的构造算法同 DRS：

DRS_C 构造算法

输入：话语 $D=S_1, \cdots, S_i, S_{i+1}, \cdots, S_n$

　　　空 DRS_C K_0

对于 $i=1, \cdots, n$ 而言，不断重复下列运算：

(i)　将后续语句 S_i 的句法分析 $[S_i]$ 并到 K_{i-1} 的条件中，叫做 $DRS_C K_i^*$，执行(ii)。

(ii)　输入：K_i^* 的一个可化归条件集

　　　不断对 K_i^* 的每一个可化归条件应用构造规则，直到获得一个仅包含不可化归条件的 $DRS_C K_i^*$ 为止。执行(i)。

这里我们不对 DRS_C 构造算法再做详细说明，具体细节可见第二章中

对 DRS 构造算法的解释说明。下面我们直接进入 DRS$_c$ 的构造规则。

二 DRS$_c$ 构造规则

DRS$_c$ 的构造规则同样从两大类来看，一类是针对词项范畴，一类是针对由不同联结词构成的复句及量词。在词项范畴中，我们着重来看专名（PN）、不定名词短语（ID）、普通名词（N）、代词（PRO）和表关系从句的"的"字结构（De）；另一类中我们主要关注"如果…就（会）"引导的条件句（COND）和"每"（单位词）、"都"所表示的全称量词。

（一）词项范畴规则

①专名（PN）的构造规则 CR. PN

DRS$_c$ 的专名构造规则同 DRS，步骤仍然如下：

（i）在论域中引入一个新的话语所指；

（ii）在条件集中引入这样一个条件，该条件是通过将话语所指置于专名后面的括号中得到的，且该专名处于句法结构中 PN 节点的下方；

（iii）在条件集中再引入这样一个条件，该条件是通过在相关的句法结构中用新的话语所指替换 NP 部分得到的；

（iv）从 DRS 中删除包含起始格局的句法结构，即删除以 NP 为母节点的枝。

按照上述步骤，语句"张三喜欢《红楼梦》"中对"张三"的处理，要先引入话语所指，例如 x，第二步引入条件"张三（x）"，然后去掉以 NP 为母节点的枝，并换成 x，得到的结果为：

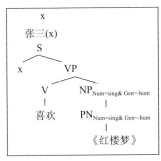

CR. PN 的形式化表示如下，同 DRS 中的 CR. PN：

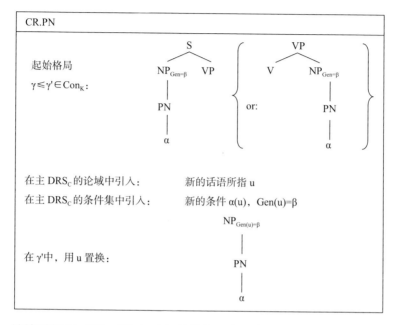

继续对语句"张三喜欢《红楼梦》"中的专名"《红楼梦》"进行处理，引入话语所指 y，条件"《红楼梦》（y）"，然后去掉其上的以 NP 为母节点的枝，并换成 y，得到结果：

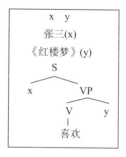

其线性简化 DRS_C 图框为：

②不定名词短语（ID）的构造规则 CR. ID

我们前面提到的汉语驴子句中涉及的不定名词短语有两种形式，一种是"一（＋量词）＋名词"，另一种是表"非疑问"的疑问词，即"wh...wh"结构。这里我们将"一（＋量词）＋名词"的表示方式改为"一（＋单位词）＋名词"。我们先来看"一（＋单位词）＋名词"形式的不定名词，该结构的不定名词可以表"存在"，即特指某一个体，例如语句"李四有一本汉语字典"中的"一本汉语字典"就是表存在的。该结构的不定名词还可以表"类指"，例如"一只鸡有两条腿"中的"一只鸡"，并不表示存在的"某一只鸡"，而是泛指"鸡"这一概念的外延中的所有个体，当然，这里指的是具有"鸡"的属性的典型个体。这样，一种形式的不定名词有两种不同的意义，所有不同意义下的"一（＋单位词）＋名词"形式的不定名词要有不同的处理方法。至于"wh...wh"结构中表不定名词的疑问词我们也将分两步来说明对其的处理方法。

我们先看表存在意义的不定名词的处理规则。"一（＋单位词）＋名词"形式的表存在的不定名词适用于 DRS 中的 CR. ID 及相关的 CR. LIN；而"wh...wh"结构中表"非疑问"的疑问词，尤其是第一个疑问词（这一提法是由于该结构中第二个疑问词可以用其他形式的照应语代替，所以这里我们先看第一个疑问词）需要特别说明，所以我们在这里也一并说明。

先看"一（＋单位词）＋名词"形式的不定名词，处理这一形式下的不定名词的步骤为：

（i）在论域中引入一个新的话语所指；

（ii）在条件集中引入条件"N（　）"，括号中为新引入的话语所指；

（iii）在条件集中引入这样一个条件，该条件是通过在相关的句法结构中用新的话语所指替换 NP 部分得到的。

其形式化表示如下：

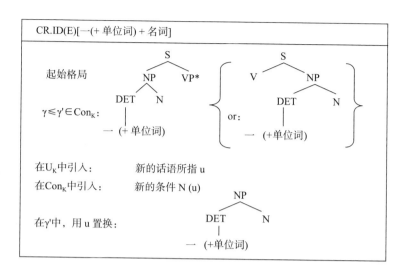

这里需要说明一点，在上述规则的起始格局中，左侧的起始格局，即"一（＋单位词）＋名词"充当主语的时候，语句 S 的右边子节点为"VP *"。我们用星号标记是要说明，这里对 VP 有一定的要求，这里的 VP 与不定名词搭配形成的语句 S 不能为"特征句"，而只能是表"过去"或"现在"等有明显时态的描述事件的语句。例如，"一条狗正朝我走来"，这里的不定名词"一条狗"可以用 CR. ID 处理，表存在；而语句"一条狗有四条腿"中的"一条狗"则不能用该规则处理，因为这里不表示一条特定的狗，而是泛指任何一条狗。我们上面提到的例句"张三有一条狗"则属于第二种起始格局，很明显，句中的"一条狗"是表示一条存在的特定的狗。在第二章中我们提到过主 DRS 和子 DRS 或次级 DRS，在主 DRS 中出现的话语所指和条件都是表存在性的，即表示一特定对象，而表泛指的名词短语，其话语所指和条件都出现在次级 DRS 中。

这样，语句"张三有一条狗"的句法结构树如下（这里暂时忽略特征标记）：

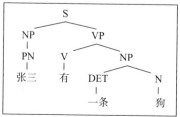

对句中的不定名词短语"一条狗"进行处理，引入一个话语所指 u，条件"狗（u）"，将 VP 下面的以 NP 为节点的枝删去，并用 u 替换，得：

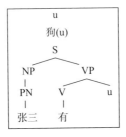

应用 CR. PN 处理"张三"后，该语句的最终 DRS$_C$为：

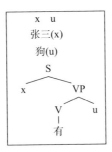

其简化 DRS$_C$图框为：

　　下面我们来看"wh…wh"结构中相当于不定名词的疑问词。例如语句"谁碰绳子，谁就犯规"，其中的两个"谁"都不表疑问，该语句的意思相当于"不管哪个人碰绳子，那个人就犯规"。很明显"wh…wh"结构中的第二个疑问词和第一个疑问词是有照应关系的，而照应语还可以是其他形式，所以在处理不定名词时，我们先不看第二个疑问词，只对第一个疑问词进行处理。在给出相应的处理规则前，我们还要说明的是，"wh…wh"结构中的疑问词可以有很多种，例如英语中的"who""what""which"等，但在这里我们主要针对"who"即汉语中的"谁"进行处理。

"谁"的非疑问用法相当于不定名词结构中的名词"人"，所以基于 DRT 对不定名词处理的基本思想，在引入新的话语所指后，条件集中要引入条件"人（　）"，括号中为新引入的话语所指，其他步骤与 CR. ID 类似。语句"谁碰绳子，谁就犯规"其实是两个小句构成的复杂句，并且是一个条件句，而要想表示出该语句的句法结构，就要涉及第二个疑问词与第一个疑问词的照应问题，由于这里我们主要关注的是不定名词的处理，所以在句法结构中我们先简单地用下标来表示两个疑问词的照应关系，但这里先不多做说明。先看第一个小句"谁碰绳子"，其句法结构树为：

第二个小句的句法结构树为：

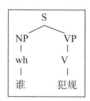

将两个小句合并，得：

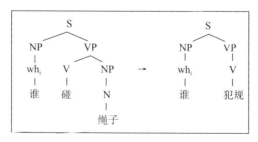

那么对第一个不定名词"谁"的处理规则为：

（i）在论域中引入一个新的话语所指；

（ii）在条件集中引入条件"人（　）"，括号中为新引入的话语所指；

（iii）在条件集中引入这样一个条件，该条件是通过在相关的句法结构中用新的话语所指替换 wh 所在的以 NP 为节点的枝得到的。

这样，第一个小句中的"wh"——"谁"经上述规则处理后为：

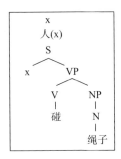

到此，我们可以给出"wh…wh"结构中第一个疑问词"谁"的不定名词处理规则的形式化表示：

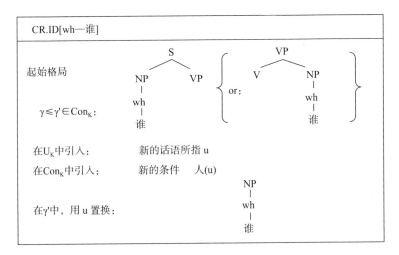

"wh…wh"结构中的疑问词并不是表存在，而是表泛指，指任何满足谓语所表达的属性的"人"，而这一特征与表存在的不定名词的处理方法是不同的，但就上面给出的 CR. ID［wh—谁］还看不出差别，所以我们下面将给出"wh…wh"结构的完整处理方法，其中的照应语，我们先以疑问词的形式来处理。

上面我们已经给出了语句"谁碰绳子，谁就犯规"的句法结构树，表示的是一个条件关系句，由于第二章中我们已经解释过英语中条件句的处理方式，所以我们对汉语条件句的处理也采用同样的策略：一条件句的 DRS 是两个子句的 DRS 图框由 "⇒" 连接起来的。语句 "谁碰绳子，谁就犯规" 相当于 "如果谁碰绳子，那么谁就犯规"，其 DRS_C 为形如

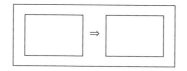

的图框，其中处理第一个疑问词得到的话语所指和条件 "人（　）" 要置于左侧的语义图框中，而不能置于主 DRS_C 中。这里我们先不对名词 "绳子" 进行处理，第二个疑问词与第一个疑问词的照应关系类似于代词，我们先直接给出最后的结果，具体的说明见后面的代词处理规则。语句 "谁碰绳子，谁就犯规" 的 DRS_C 为：

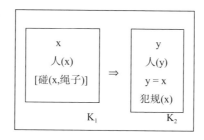

"碰（x，绳子）" 用方括号括起来，表示该条件为 "可化归" 的，"可化归" 的定义同第二章，这里不再给出。

　　接下来我们来看 "一（＋单位词）＋名词" 形式的不定名词表类指的处理规则。"一（＋单位词）＋名词" 表类指也相当于一个条件句结构，例如 "一条狗有四条腿" 相当于 "如果一个个体是狗，那么它有四条腿"。那么对 "一条狗" 的处理，同样要引入新的话语所指及条件 "狗（　）"，同样括号里是新引入的话语所指，并且它们都要置于条件子句的语义框中，而不能置于主 DRS_C 中，其语义框为：

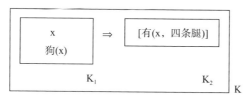

我们试着给出"一（＋单位词）＋名词"作为不定名词表类指的规则的形式化表示：

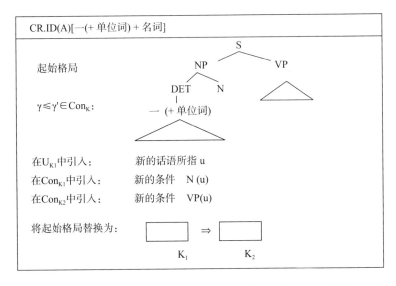

CR. ID(A)[一(+ 单位词) + 名词]

以上是我们给出的汉语中不定名词"一（＋单位词）＋名词"表存在和表类指的处理规则 CR. ID（E）和 CR. ID（A）及"wh…wh"结构表类指的疑问词的处理规则 CR. ID［wh—谁］，其第二个疑问词的照应处理我们将在处理代词的时候再统一说明。

③普通名词（N）的构造规则 CR. N

DRS 中并没有特别给出普通名词的构造规则，因为英语中的可数名词要么以单数形式出现，要么以复数形式出现，其中单数形式出现的名词一般可以用 CR. ID 来处理，而对于复数形式，DRT 给出了有别于单数情况的 DRS 构造。汉语中的可数名词用法比较多样，如果要强调"单数"，就会在名词前加"一（＋单位词）"，如，"一个人"；而如果要强调"复数"，会在名词后加"们"，如"人们""学生们"；除此之外，汉语中的可数名词常常单独使用，如"张三喜欢孩子"中的"孩子"，并不表示单个的"一个孩子"，也不表示复数"孩子们"，而只是一般意义上的孩子，可以理解为"孩子"这个群体，或是"孩子"这个集合中的所有个体。当然，所有的语句都是有语境的，例如上面提到的语句"谁碰绳子，谁就犯规"，并不是说谁碰了"绳子"这个集合中的任何一个元素，就算犯规，因为现实生活中"绳子"这一集合中的元素很多，这里我们可以理解为，该语句是在一个游戏中出现的，游戏规则规定，谁碰了游戏中的绳子，谁就犯规。所以，要在相关语境中才能获得一语句的准确语义。

这样看来，一般来说，可数名词单独使用也表类指，其出现的语句也是一个条件句。例如"张三喜欢狗"，相当于"对于任何一个个体来说，如果它是狗，那么张三喜欢它"。同样，在处理"狗"这一通名时，所引入的新的话语所指和条件"狗（　）"也要置于次级语义框中，而不能与表示"张三"的话语所指及条件位于一个层次中。我们先给出该语句的 DRS_C：

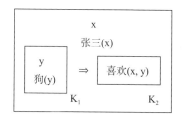

我们尝试给出通名 N 的处理规则 CR. N 的形式化表示：

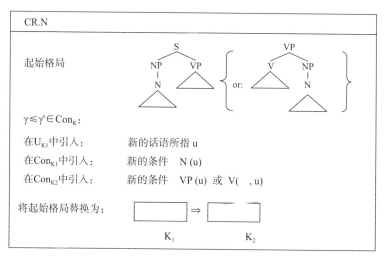

这里需要说明一点，右侧起始格局中的通名充当宾语，动词 V 为及物动词，即二元关系，这里我们给出的条件"V（　，u）"表示在次级语义框 K_2 中，宾语为新引入的话语所指 u，而主语为前面语句中已有的话语所指，我们用空白位置表示。另外，在通名作宾语的格局中，若句中主语也为通名，则新的话语所指 u 及 N（u）要置于主语通名处理的语

义框中，即要与主语通名的话语所指及条件位于一个层次。例如语句"农夫喜欢驴子"，其 DRS_c 为：

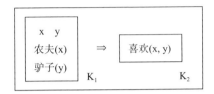

④汉语关系句"的"字结构的处理规则 CR. De

第三章提到，汉语"的"字结构有多种表现形式，这里我们只试着给出与我们最后归纳列举的汉语驴子句相关的"的"字结构的处理规则。汉语驴子句涉及的"的"字结构有三种句式，分别为"（VP＋的）＋N"句式、"N＋（VP＋的）"句式和"（VP＋的）＋Φ"句式。

我们先看前两种句式，两者的区别仅在于"的"字结构"VP＋的"与名词 N 的位置不同，那么反映到句法结构上也只是位置不同，但处理的规则是一致的，所以这两种句式的处理规则我们一并给出。英语名词关系从句的从句是修饰名词的，那么汉语中的"的"字结构也是修饰该结构前面或后面或隐藏的名词的，也就是说，语句描述的对象是一个具有 N 属性且满足 VP 所表述的性质的个体。包含"的"字结构的语句同样也表示一种条件关系。当然，这一结构中的名词 N 可以是语句的不同成分，这里我们仅以所修饰的名词作主语为例。

若该结构出现的语句中，谓语部分所表述的内容与"的"字结构中的语素无关，那么我们可以将"的"字结构中的 VP 作为一个谓词，而不再对其内部语素再做详细处理。例如"挑食的孩子缺乏营养"，该句中的"的"字结构"挑食的孩子"与句子的谓语部分"缺乏营养"没有语素关联，所以我们可以将"挑食"作为一个谓语，而不对"挑"和"食"再做处理。那么对结构的处理就是在名词"孩子"的话语所指和条件的层次中再添加一个条件"VP（　）"，括号中为"孩子"所引入的话语所指。

由于涉及新的句法结构，所以这里我们先给出"的"字结构相关的句法构造规则：

S→NP VP

VP→V N

NP→De N

NP→N De

De→VP + 的

那么该语句的句法结构树为：

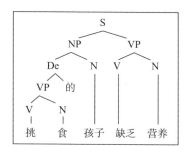

其 DRS_c 为：

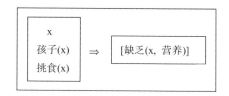

语句"孩子，挑食的，缺乏营养"的处理方法同上。

　　我们上述给出的例句是语句的谓语部分与"的"字结构中的 VP 没有相同的语素，但我们给出的汉语驴子句就不是这种情况。例如"有驴子的农夫都打驴子"，其中谓语部分与"的"字结构中 VP 有一个相同的语素"驴子"，那么针对这样的语句，"的"字结构中的 VP 就需要进一步处理，即 VP 中的"驴子"我们要恰当地表示出来。那么下面我们针对汉语驴子句的"的"字结构情况来看"（VP + 的）+ N"和"N +（VP + 的）"两种句式的处理规则，为了方便说明，我们将"的"字结构中的"VP"细化为"V + N*"，则：

　　假设 N 的话语所指为 x，且所在的语义框为 K_1，那么

　　（i）在 K_1 的论域中引入表示 N* 的一个新的话语所指，例如 y；

　　（ii）在 K_1 的条件集中引入条件"N*（y）"及"V（x，y）"；

　　（iii）将"的"字结构替换成语义框 K_1，将语句的 S 的另一个枝，

即以 VP 为节点的枝换成语义框 K_2，其中的条件为一个二元关系，其中主语为 x，谓语为能够表示与 N^* 同语素或共指的话语所指。

　　我们以语句"养狗的人遛狗"为例，来看上述规则的应用。下面直接给出其 DRS_C：

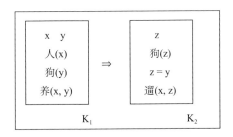

K_2 中的条件"狗（z）"和"z = y"其实是语句谓语中的名词"狗"与"的"字结构的 VP 中的名词"狗"的照应关系的一种表示，其方法类似代词的指代照应处理，这里先不多做说明。"N +（VP + 的）"句式的处理方式同上，我们将在该规则的形式化表示中加以标注。

　　下面我们尝试给出"（VP + 的）+ N"和"N +（VP + 的）"两种句式的处理规则，其中 N 在语句中作主语，且语句的谓语部分与"的"字结构的 VP 有相同语素，按照我们给出的例句来看，该相同的语素为 VP 中的名词 N，那么为方便说明，我们在起始格局中会使用一定的标记，该结构的处理规则形式化表示为：

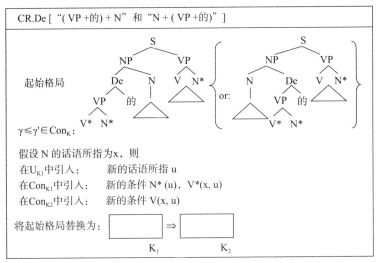

出于语句谓语中的名词与"的"字结构中 VP 的名词同语素，且存在照
应关系，我们直接在谓语所表示的语义框中引入条件 V（x, u）。对于上
面给出的规则，我们还要说明一点，该规则也适用于我们给出的汉语驴
子句"一有驴子的农夫打驴子"，这里"的"字结构是表类指的不定名
词"一（+量词）+N"的一个插入式，我们前面提过，表类指的不定
名词也表示一个条件关系，那么对这一形式的语句，我们可以同样应用
上面的 CR. De ["（VP + 的）+N"和"N +（VP + 的）"] 规则，只是
起始格局有所不同，我们这里仅给出这种句式的相关短语结构规则及起
始格局，先看相关的短语结构规则，主要是 NP 部分：

S→NP VP

VP→V N

NP→DET NP

NP→De N

De→VP + 的

那么该结构的起始格局为：

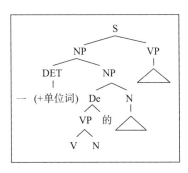

上面我们已经给出了"的"字结构前两种句式的处理规则，接下来
我们来看看另一种句式"（VP + 的）+Φ"。该句式中只有"VP"和
"的"而没有"N"，即一个省略名词 N 的"的"字结构。我们在第三章
关于"的"字结构的说明中曾提到吕叔湘对该句型的解释，即有时词组
的短语并没有见于上文，只是因为不言而喻，也就无须说明，尤其是泛
指"人"的时候。当然，吕叔湘提出的只是一般情况，根据不同的语
境，"的"字结构所修饰的名词可能是不同的。例如"当下很多女孩找
对象都喜欢找有责任心的"，这里"的"字结构所修饰的隐藏的名词应

该为"男人"，而不能仅理解为泛指"人"，一般情况下，我们可以根据"的"字结构的 VP 来判断出所隐藏的名词种类，而大多数情况下都泛指"人"。我们这里涉及的该结构的语句，其隐藏的被修饰名词是泛指"人"的。至于其他复杂情况，可以纳入未来更深入的研究。

"（VP + 的）＋Φ"句式同样涉及前面我们提到过的情况，即该结构出现的语句的谓语部分要么与"的"字结构中的语素无关，要么有共同的语素。对于前一种情况，我们可以将"的"字结构所表述的性质作为一个完整的谓语，为其所修饰的名词集合中的个体所满足，不必对该结构内部的 VP 进行进一步的分解；而对于第二种情况，我们就需要对"的"字结构的 VP 做进一步的处理，以便对整个语句的语义进行表示。这里我们对第三种句式进行分析的时候就不再考虑第一种情况了，基于我们给出的汉语驴子句是第二种情况，为了方便对该种句式的处理，我们这里只给出第二种情况的处理规则，该"的"字结构同样也是充当主语的。

我们先试着给出"（VP + 的）＋Φ"句式相关的短语结构规则：

S→NP VP

VP→V N

NP→De

De→VP + 的

包含该句式的句中谓语与该结构中 VP 有相同语素（这里指名词 N），以语句"养狗的遛狗"为例，其句法结构树为：

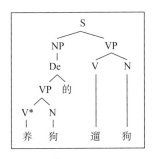

该语句其实相当于"养狗的人遛狗"，那么在上面结构树中，其实是省略了"的"字结构中的"N"，那么我们在处理这一结构时，要先将省略

的名词 N 补充出来，再根据已有的"的"字结构处理规则继续处理。我们试着给出语句"养狗的遛狗"的 DRS_C：

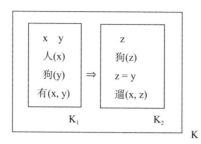

其中一并给出了语句中出现的相同语素"狗"的照应关系处理，其具体说明见后面的代词的处理规则。上述 DRS_C 给出的该句式下"的"字结构的处理规则为：

（i）在 K_1 的论域中引入新的话语所指 u 和 v；

（ii）在 K_1 的条件集中引入条件"人（u）""N（v）""V^*（u，v）"；

（iii）在 K_2 的论域中引入新的话语所指 w，条件集中引入"N（w）""w = v""V（u，w）"；

（iv）将原句法树中 S 的左右两个枝分别替换为 K_1 和 K_2，并用"⇒"连接。

我们试着给出该处理规则的形式化表示：

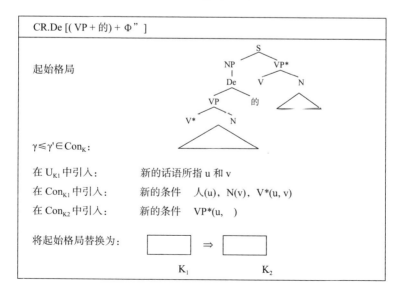

这里，CR. De［"（VP＋的）＋Φ"］的第三步，即"在 Con_{K2} 中引入新的条件 $VP^*(u,\ )$"与针对语句"养狗的遛狗"的 DRS_c 的文字说明有点不同。该步骤没有如处理规则的文字说明那样将语句的谓语部分，即起始格局中的 VP^* 进行进一步的处理，因为这里涉及同一语素的照应问题，与代词的处理方式类似，所以在该规则的形式化表示中，我们先粗略地将处理步骤如上给出。

⑤代词（PRO）的构造规则 CR. PRO

代词的回指照应是 DRT 关注的一个重要问题，其对代词的处理体现了该理论对语篇信息处理的累加思想，DRT 将回指分析为代词与结构语义表示中已经存在的话语所指间的一种关系。汉语中代词的处理也同样遵循这一思想。我们看语句"张三有一条狗，他喜欢它"，第一个小句是我们熟悉的语句，用我们已给出的 CR. PN 和 CR. ID 可以得出其 DRS_c，现在看第二个小句，它的句法结构为：

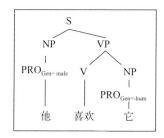

第一个小句"张三有一条狗"的句法结构及 DRS_c 如下：

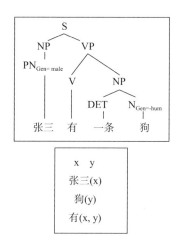

根据 DRT 对代词处理的基本思想，第二个小句中的代词"他"和"它"与结构的语义表示中已经存在的话语所指间有照应关系，也就是说这两个代词的指称只能在已有的话语所指 x 和 y 中寻找，而这一过程就需要用到句法结构中相关的特征标示，本句中涉及的主要是"性"的特征，那么根据两个小句的句法结构，很明显能看出代词"他"和"它"分别对应 x 和 y，"他"与 x 所表示的专名"张三"具有相同的"性"特征，特征值为 Gen = male，而"它"和 y 所表示的名词"狗"具有相同的"性"特征，特征值为 Gen = - hum。

那么汉语代词的处理规则 CR. PRO 为：

（i）在 DRS$_c$ 论域中引入一个新的话语所指；

（ii）引入一个条件，用新的话语所指替换包含该规则应用的起始格局中相关 NP 部分，并删掉 NP 相关部分；

（iii）增加形如"$\alpha = \beta$"的条件，这里 α 是新的话语所指，β 是从 DRS$_c$ 论域中挑选出的一个合适的话语所指。

上述规则是针对单个代词处理而言的，当语句出现多个代词时，可以逐个按上述步骤进行，下面我们直接在第一个小句的 DRS$_c$ 基础上对第二个小句的两个代词进行处理，得到整个语句完整的 DRS$_c$：

$$
\begin{array}{|l|}
\hline
x \quad y \quad u \quad v \\
张三(x) \\
狗(y) \\
有(x, y) \\
u = x \\
v = y \\
喜欢(u, v) \\
\hline
\end{array}
$$

这里我们只给出较一般的例句，其实汉语中的代词还有很多其他用法，例如出现在单句中，就像我们给出的汉语驴子句"农夫有驴子的都打它"，我们将在后面涉及汉语条件句及量化语句处理的时候提到。

CR. PRO 的形式化表示为：

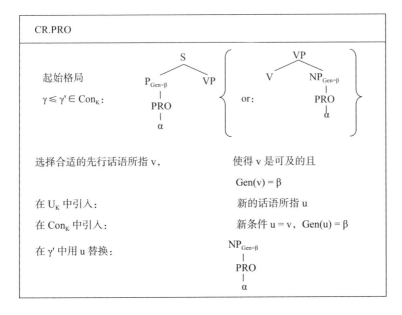

（二）否定句、条件句及全称量词规则

①否定句（Negation）规则 CR. NEG

英语中的否定句是动词前含有"助动词＋not"。对否定句的解释可以是"句内"否定，也可以是"句外"否定，两种表达方式的语义是一样的。DRT 对否定句的处理采用的是句外否定，并用"￢"来表示否定算子。汉语中的否定句一般是"句内"否定，即动词前含有"没""不"等否定词，我们对汉语否定句的处理仍然采取与 DRT 相同的策略，将否定词移出句子，置于句前，并用"￢"来表示否定词。例如语句"张三不喜欢《红楼梦》"，其非形式化表示为：

$$\lnot\ [\text{张三喜欢《红楼梦》}]$$

该语句的句法结构树为：

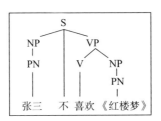

按照 DRT 处理词项的顺序，从高处节点开始，那么先处理专名"张三"得 DRS_{C1}：

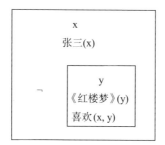

再对另一个专名进行处理，得整个语句的 DRS_C：

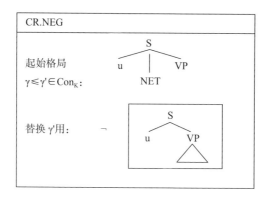

否定句规则 CR. NEG 的形式化表示为：

前文提到的"可及"的定义也是从"弱从属"概念开始的，而"弱从属"概念是以"从属"关系为基础，所以这里的"从属"关系也同第二章 DRS 中所给的概念，这里不再重复。

②条件句（Conditionals）规则 CR. COND

DRT 对英语条件句采用的短语结构为 "S→if S_1 then S_2"，对于形如 "if A then B"的条件句，该规则引入一个 DRS–条件 "$K_1 \Rightarrow K_2$"，其中，K_1是与 A 相对应的 DRS，K_2是包含 B 的一个 K_1 的扩展。汉语中条件句的表现形式也很多，一般由表示条件关系的联结词连接两个小句，常见的联结词为"如果…那么/就（会）""假如…那么/就（会）"等。我们给出的汉语驴子句主要涉及联结词"如果…就（会）"，因此我们下面给出的例句也主要是使用这个联结词。例如"如果张三有本英语字典，他就会用它"，按照 DRT 给出的处理原则，其初始 DRS_C 图框为：

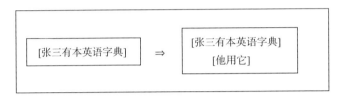

其中，［张三有本英语字典］出现了两次，符合 DRT 对语句进行信息累加处理的思想，也符合我们对语句理解的直觉，在最终的处理方法中，DRT 通过在后边增加相应的 DRS－条件来反映这一直觉。先对前件进行处理，得：

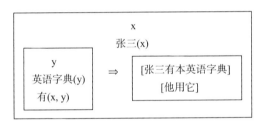

再两次应用 CR. PRO 规则处理后件，得：

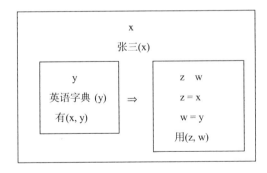

CR. COND 的构造规则的形式化表示为：

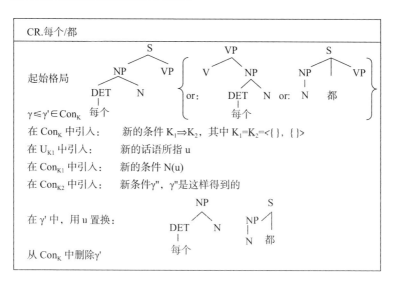

同样，由于增加了 CR. COND 规则，前面提到的从属、弱从属和可及关系要相应地扩展，扩展后的概念同第二章。

③全称量词的处理规则 CR. 每个／都

汉语中表全称量化的词有"每个""所有""都"等，对照英语驴子句，我们给出的汉语驴子句中涉及的全称量词为"每个"和"都"，那么我们给出的全称量词规则也以这两个为例。

全称量词的处理规则形式化为：

例如语句"每个学生都有一个书桌"，根据上述规则，该语句的 DRS_c 为：

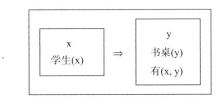

当然，语义框形似条件句的语句不仅限于有条件句语素，即表条件关系的联结词出现的语句，我们前面提到的表类指的不定名词及通名的处理结果也都是两个语义框间的一种条件关系，虽然最后的语义框形状相同，但适用的起始格局是不同的，这要求对照不同的处理规则给出语句正确的语义表示。

在给出 DRS_c 在模型中的解释前，我们还要对汉语中的省略现象做一些说明。由于我们给出的汉语驴子句中涉及名词和代词的省略问题，所以在此我们先对这一现象进行一些必要的句法结构说明。

基于汉语的句法习惯，语句中的一些成分可以省略而不影响语句语义的理解，也就是说在句法上某些成分表现出缺省，但语义上缺省的部分可以被补充出来，进而完成对整个语句的理解。例如语句"谁有孩子，谁疼"，其中第二个小句中的动词"疼"是一个二元动词，即该动词的左边和右边分别应有主语和宾语两个语素，而语句中只有左边语素的显现，右边语素则未显现，即"疼"的宾语缺省了。虽然缺省了宾语，但并不影响人们对该语句的理解，很容易知道"疼"的宾语为"孩子"，因为前面小句中可作为该宾语选择对象的只有"谁"和"孩子"，而第二小句中的左边语素已经为"谁"，所以该处省略的宾语只能是"孩子"。在对缺省语句的这一直觉理解过程中，首先要清楚，该语句在句法上缺省的成分是什么，然后在上下文或语境中找到合适的补充成分，对该成分进行句法补充，而后完成对该语句的完整语义理解。一般来说，当二元关系中缺省一个的时候，另一个比较容易被补充出来，而当两个论元都缺省时，还需要考虑该二元谓词的一般用法。例如我们给出的汉语驴子句的省略句"如果农夫有驴子，就会打"，这里结果子句中仅有

连词和二元谓词"打"，表示为"打（　，　）"或者"（　）打
（　）"，其左右语素都未出现，即两个论元均缺省，而在上下文中寻找
可能的相应语素，只有"农夫"和"驴子"，那么如何将这两个候选语
素补充到合适的位置中呢？只有两种可能，要么"（农夫）打（驴子）"，
即"打（农夫，驴子）"；要么"（驴子）打（农夫）"，即"打（驴子，
农夫）"。很明显，根据常识，前一种补充是更符合实际的，所以在处理
这样的问题时，我们将给缺省的部分以默认的特征标记。那么在语句
"如果农夫有驴子，就会打"第二个小句的句法结构树中，我们会给缺
省的部分以默认的"性"特征标记：

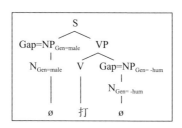

当然这一标记是根据已有的第一个小句的句法结构得出的：

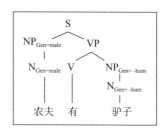

整个语句的句法结构为：

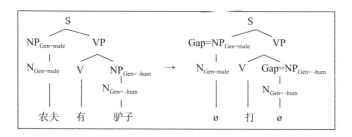

那么该语句的 DRS_C 为：

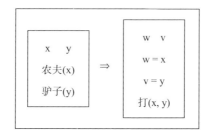

这里我们对结果子句的处理，采用了照应性的代词处理方法，即将缺省的部分作为代词照应语来处理。由于汉语中省略的形式较灵活多变，而且我们给出的汉语驴子句的省略情况也不止这一种，这里就不统一给出省略语句的句法结构及处理规则的形式化表示了，我们将在后面集中处理汉语驴子句的时候再详细讲解。

第三节　DRS_C 在模型中的解释

DRS_C 在模型中的解释同样也是以模型为参照物来检验 DRS_C 所表达的命题内容的真与假。一个 DRS_C K 在模型 M 中为真，同样要求 U_M 与 K 的话语所指相关联，且在 M 中，K 的每一个条件均"可证实"或"被确认"。一个模型 M 的构成不变，仍然为一个三元组 M = < U_M，$Name_M$，$Pred_M$ > 。

第二章中，DRT 已经给出了"可证实"或"被确定"的定义，该定义是在一系列准备概念的基础上给出的。从 DRS 的严格定义到"话语所指自由"的定义，再到合式的 DRS 定义，再到嵌套的定义，最后到"可证实"或"被确定"的定义。而该定义的给出以否定句为切入点，并以一模型对一否定句的证实或确认为例，给出一模型 M 中的一个合式 DRS 的真的定义。有了这一定义后，DRT 给出了逻辑后承和逻辑真这两个在语义学和逻辑学中非常重要的定义，且这两个定义涉及参数——某个词汇 V。给定一个语句，其真假是相对于一定模型而言的，就像同样一个语句在不同的语境中有不同的语义。DRT 给出了一语句在某种解释下为真的定义，见定义 2.3.7，而易字变异体的概念，可以用来判断一话语 D

的无歧义性，DRT 同样给出了无歧义话语的定义，见 2.3.8。我们对否定句的 DRS_C 在模型中的解释同第二章，这里不再举例说明。本节将重点讲解汉语驴子句的条件句、关系句及类指隐性句的 DRS_C 在模型中的解释。

一 条件句的情况

DRT 由否定句的语义 DRS K 在模型中的解释入手引出对条件句的考察，并认为理解蕴含条件 $K_1 \Rightarrow K_2$ 的满足的自然方式是，确认或证实 K_1 条件对 K_1 话语所指的任何赋值 g 导致 M 中 K_2 的满足。DRT 在对条件句的"被确认"或"可证实"进行定义前，先考虑了给定赋值函数 f 对 $K_1 \Rightarrow K_2$ 的确认或证实，而后给出的条件句的确认或证实的定义，见定义 2.3.10。关于实质条件句能否用来表示自然语言的条件句的问题我们也采用 DRT 的说法，即 DRT 中与语句、话语或文本关联的 DRS 具有双重角色：一是服务于识别其衍生而来的语言片段的真值条件；二是捕获接收者在处理到达他们那里的语言片段时所得到的信息，进而领会该语言片段所承载的内容。而这一信息可以被理解为对接收者的一种告知，不仅告知其关于现实世界的信息，而且告知其与未来其将处理的信息相关联的其他世界的信息，并且在每个这样的世界中，前提的真携带着结论的真。

从 DRT 对条件句的句法到语义 DRS，再到 DRS 在模型中的解释，我们可以看出，其所举的例子都是明显的条件句语句，而在考察条件句 DRS 在模型中的解释时，也只是从一条件句的 DRS K 入手，一般表示为 $K_1 \Rightarrow K_2$。我们在第一节中给出的汉语驴子句所涉及的各种句型的 DRS_C，不管是条件句驴子句、关系句驴子句，还是类指隐性驴子句，其最终的 DRS_C 都是以 $K_1 \Rightarrow K_2$ 的形式出现的，所以针对 DRT 对条件句语义 DRS K（表现为 $K_1 \Rightarrow K_2$ 形式）在模型中的解释的统一处理，我们将对照汉语驴子句的三种句型（不同句型的省略句只是句法上与所对应的句型有所不同，语义的模型解释不变，将对照其所属的句型进行模型论解释）分别在 DRT 对条件句和关系句的模型解释中一一说明。这里，我们将汉语条件句驴子句句型放在 DRT 对条件句的模型解释中加以说明，而将汉语关系句驴子句和类指隐性驴子句句型放入 DRT 对全称量词 every 的模型解释中进行说明。

具有汉语条件句驴子句句型的语句即有明显条件句语素的条件句。例如"如果张三有狗，他就会遛它"，根据 CR. PN、CR. N、CR. PRO、CR. COND 规则，该语句的 DRS_C 为：

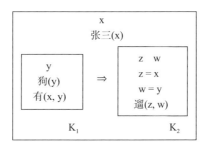

假定一模型 M 为 $M = <U_M，Name_M，Pred_M>$，其中各项可做如下解释。

· U_M 是个体集合 $\{a，b，c\}$。

· $Name_M$ 是有序对集合 $\{<张三，a>\}$。

· $Pred_M$ 是下述有序对的集合：

（i）有序对 $<有，有_M>$，其中有$_M$是集合 $\{<a，b>，<a，c>\}$；

（ii）有序对 $<遛，遛_M>$，其中遛$_M$是集合 $\{<a，b>，<a，c>\}$；

（iii）有序对 $<狗，狗_M>$，其中狗$_M$是集合 $\{b，c\}$。

根据定义 2.3.10，嵌套函数 f 把张三（即主 DRS_C 论域中的 x）赋值给 a，其扩展函数 g（即将 y 分别赋值给 b、c）在上述模型 M 中确认 K_1（因为 $<a，b>$ 和 $<a，c>$ 在有序对有$_M$的集合中），并且存在一个 g 的扩展 h（即将 z 等同于 x，将 w 等同于 b 和 c）在模型 M 中确认 K_2，因为 $<a，b>$ 和 $<a，c>$ 为遛$_M$集合中的元素。这样看来，语句"如果张三有狗，他就会遛它"的 DRS_C 在上述模型 M 中得到确认或证实。

若将上述模型 M 变为 $M' = <U_{M'}，Name_{M'}，Pred_{M'}>$，则可做如下解释。

· $U_{M'}$ 是个体集合 $\{a，b，c\}$。

· $Name_{M'}$ 是有序对集合 $\{<张三，a>\}$。

· **Pred**$_{M'}$是下述有序对的集合：

（i）有序对 < **有**，有$_{M'}$ >，其中有$_{M'}$是集合 ｛< a，b >，< a，c >｝；

（ii）有序对 < **遛**，遛$_{M'}$ >，其中遛$_{M'}$是集合 ｛< a，b >｝；

（iii）有序对 < **狗**，狗$_{M'}$ >，其中狗$_{M'}$是集合 ｛b，c｝。

模型 M′仅对 M 中的谓词（ii）进行了变动，减少了一个元素 < a，c >。我们可以看出，在模型 M′中，上述条件句的 DRS$_C$不可被确认或被证实。假设该 DRS$_C$在 M′中可被确认或被证实，那么就会存在嵌套函数 f（即把张三，主 DRS$_C$论域中的 x 赋值给 a）的扩展函数 g（即将 y 分别赋值给 b、c）在模型 M′中确认 K$_1$，并且存在一个 g 的扩展 h（即将 z 等同于 x，将 w 等同于 b 和 c）在模型 M′中确认 K$_2$。但事实并非如此。函数 g 在模型 M′中确认 K$_1$，是因为 < a，b > 和 < a，c >在有序对有$_{M'}$的集合中，那么 g 的扩展 h 要在模型 M′中确认 K$_2$，就必须满足 < a，b > 和 < a，c >为遛$_{M'}$集合中的元素，但由模型 M′的构成可以看出 < a，c >并不是遛$_{M'}$集合中的元素，所以假设不成立，语句"如果张三有狗，他就会遛它"的 DRS$_C$在模型 M′中不能得到确认或证实。

从上述条件句在不同模型中的被确认或被证实的检验过程我们可以看出，含有明显条件句语素的条件句的成真条件是满足前件的有序对必须均满足后件所描述的情况，那么相对我们给出的上述例句，其成真条件就是张三要"遛"其所拥有的每一条狗，无例外情况。那么该语句的一阶公式表示为：

$$\forall x((狗(x) \& 有(张三，x)) \to 遛(张三，x))$$

在给出类指隐性语句的模型解释前，我们再看一个有明显条件句语素的条件句例子。语句"如果谁有狗，谁就会遛狗"，根据 CR.N、CR.ID ｜wh—谁｜、CR.PRO、CR.COND 规则，该语句的 DRS$_C$为：

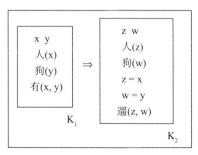

那么给定一模型 **M** = < **U**$_M$，**Name**$_M$，**Pred**$_M$ >，则可做如下解释。

·**U**$_M$是个体集合 {a，b，c，d}。

·**Name**$_M$是有序对集合 { }。

·**Pred**$_M$是下述有序对的集合：

（i）有序对 < **有**，有$_M$ >，其中有$_M$是集合 {<a，c>，<b，d>}；

（ii）有序对 < **遛**，遛$_M$ >，其中遛$_M$是集合 {<a，c>，<b，d>}；

（iii）有序对 < **人**，人$_M$ >，其中人$_M$是集合 {a，b}；

（iv）有序对 < **狗**，狗$_M$ >，其中狗$_M$是集合 {c，d}。

嵌套函数 f 把 x 分别赋值给 a 和 b，把 y 分别赋值给 c 和 d，且 f 在上述模型 M 中确认 K_1，因为 <a，c> 和 <b，d> 在有序对有$_M$的集合中；其扩展函数 g 将 z 和 w 分别等同于 x 和 y，这样 g 就在上述模型 M 中确认 K_2，因为 <a，c> 和 <b，d> 都为遛$_M$集合中的元素。这样，语句"如果谁有狗，谁就会遛狗"的 DRS$_C$就在上述模型 M 中得到确认或证实。

同样，若将上述模型 M 变为 **M′** = < **U**$_{M′}$，**Name**$_{M′}$，**Pred**$_{M′}$ >，则可做如下解释。

·**U**$_{M′}$是个体集合 {a，b，c，d}。

·**Name**$_{M′}$是有序对集合 { }。

·**Pred**$_{M′}$是下述有序对的集合：

（i）有序对 < **有**，有$_{M′}$ >，其中有$_{M′}$是集合 {<a，c>，<b，d>}；

（ii）有序对 < **遛**，遛$_{M′}$ >，其中遛$_{M′}$是集合 {<a，c>}；

（iii）有序对 < **人**，人$_{M′}$ >，其中人$_{M′}$是集合 {a，b}；

（iv）有序对 < **狗**，狗$_{M′}$ >，其中狗$_{M′}$是集合 {c，d}。

则在模型 M′中，条件句"如果谁有狗，谁就会遛狗"的 DRS$_C$不可被确认或被证实。如果该 DRS$_C$在 M′中可被确认或被证实，那么嵌套函数 f（即把 x 分别赋值给 a 和 b，把 y 分别赋值给 c 和 d）的扩展函数 g（即将 z 和 w 分别等同于 x 和 y）在模型 M′中要确认 K_2就要求 <a，b> 和 <a，c> 均为遛$_{M′}$集合中的元素，但上述模型 M′的遛$_{M′}$集合中不存在元素 <b，d>，所以假设不成立，语句"如果谁有狗，谁就会遛狗"的 DRS$_C$在模型 M′中不能得到确认或证实。

语句"如果谁有狗，谁就会遛狗"的 DRS$_C$在不同模型中的被确认或被证实的检验过程也证实了含有明显条件句语素的条件句的成真条件是要求满足前件的有序对必须均满足后件所描述的情况，也就是说，所有有狗的人或者每一个有狗的人都遛狗，无一例外。那么这一语句的一阶公式表示为：

$$\forall xy((人(x)\&狗(y)\&有(x,y))\to遛(x,y))$$

从条件概率的角度看，上述有明显条件句语素的条件句相当于包含频度副词 always 的语句，其概率为 $P(\varphi \mid \psi \wedge \vee A) = 1$，可以理解为前提或前件所表示的特征集包含于结论或后件所表示的特征集。

二 关系句的情况

这里我们要讨论两类汉语驴子句句型，一种是包含全称量词的关系句，一种是不包含全称量词的类指隐性语句。由于 DRT 对关系句的处理是在对全称量词 every 的解释中进行的，所以我们对与汉语关系句驴子句相关的关系句的处理从全称量词开始。

（一）汉语关系句驴子句相关句型的情况

DRT 将含有全称量词的表达式表示为 $\forall \alpha_1, \cdots, \alpha_n \varphi$，其中 $\alpha_1, \cdots, \alpha_n$ 为变元，φ 是一个公式，而根据 CR. EVERY 规则，该公式在 Con_K 引入的新条件形如 "$K_1 \Rightarrow K_2$"。所以 DRT 在给出了全称语句在模型中的的确认或证实的定义后给出了 φ 作为 $K_1 \Rightarrow K_2$ 的一个翻译的定义，这里我们不再重复，仍然按照 DRT 给出的定义进行相关语句的处理。例如语句 "每个有狗的人（都）遛狗"，根据 CR. De 、CR. N、CR. 每个/都规则，该语句的 DRS_C 为：

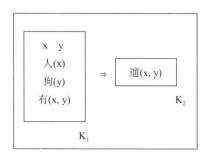

根据 DRT，则上述 DRS$_C$ 对应的翻译为 $\forall$ xy（（人（x）& 狗（y）& 拥有（x，y））→遛（x，y）），那么对于模型 **M** = < **U**$_M$，**Name**$_M$，**Pred**$_M$ >，可做如下解释。

· **U**$_M$ 是个体集合 $\{a, b, c, d, e, u\}$。

· **Name**$_M$ 是有序对集合 $\{\quad\}$。

· **Pred**$_M$ 是下述有序对的集合：

（i）有序对 < **有**，有$_M$ >，其中有$_M$ 是集合 $\{$< a, d >，< b, e >，< c, u >$\}$；

（ii）有序对 < **遛**，遛$_M$ >，其中遛$_M$ 是集合 $\{$< a, d >，< b, e >，< c, u >$\}$；

（iii）有序对 < **人**，人$_M$ >，其中人$_M$ 是集合 $\{a, b, c\}$；

（iv）有序对 < **狗**，狗$_M$ >，其中狗$_M$ 是集合 $\{d, e, u\}$。

根据 DRT 给出的全称语句在模型中的的确认或证实的定义，嵌套函数 f 把 x 分别赋值给 a、b 和 c，把 y 分别赋值给 d、e 和 u，而 f 的扩展函数 g 也同样将 x 和 y 赋值，即可完成确认或证实的任务。因为 a、b、c 同时满足属于人$_M$ 且 < a, d >，< b, e >，< c, u > 属于有$_M$，即满足条件句的前件，< a, d >，< b, e >，< c, u > 也都属于遛$_M$，即满足后件，则该赋值在上述 M 中确认或证实了"每个有狗的人（都）遛狗"的 DRS$_C$。

而若将模型 M 调整为 **M′** = < **U**$_{M'}$，**Name**$_{M'}$，**Pred**$_{M'}$ >，则可做如下解释。

· **U**$_{M'}$ 是个体集合 $\{a, b, c, d, e, u, v\}$。

· **Name**$_{M'}$ 是有序对集合 $\{\quad\}$。

· **Pred**$_{M'}$ 是下述有序对的集合：

（i）有序对 < **有**，有$_{M'}$ >，其中有$_{M'}$ 是集合 $\{$< a, d >，< b, e >，< c, u >，< c, v >$\}$；

（ii）有序对 < **遛**，遛$_{M'}$ >，其中遛$_{M'}$ 是集合 $\{$< a, d >，< c, u >$\}$；

（iii）有序对 < **人**，人$_{M'}$ >，其中人$_{M'}$ 是集合 $\{a, b, c\}$；

（iv）有序对 < **狗**，狗$_{M'}$ >，其中狗$_{M'}$ 是集合 $\{d, e, u, v\}$。

这样，在该模型 M′ 中，"每个有狗的人（都）遛狗"的 DRS$_C$ 不可被确认或被证实。假如该 DRS$_C$ 在 M′ 中可被确认或被证实，那么嵌套函数 f

（把 x 分别赋值给 a、b 和 c，把 y 分别赋值给 d、e、u 和 v）在模型 M′中要确认 K_1，因为 <a, d>，<b, e>，<c, u>，<c, v>均为有$_{M'}$中的元素，f 的扩展函数 g（即同样把 x 分别赋值给 a、b 和 c，把 y 分别赋值给 d、e、u 和 v）在模型 M′中要确认 K_2，也就是 <a, d>，<b, e>，<c, u>，<c, v>要均为遛$_{M'}$集合中的元素，但 <b, e>和 <c, v>不在遛$_{M'}$的集合中，所以假设不成立，语句"每个有狗的人（都）遛狗"的 DRS_C在上述模型 M′中不能得到确认或证实。这里，导致确认或证实失败的原因为：满足前件或前提的 K_1的特征集中的两个元素 <b, e>和 <c, v>不在后件或结论的 K_2特征集中，并且一个是有狗的人 b 不遛其所拥有的狗 e，而另一个是有狗的人 c 只遛其拥有的一条狗 u 而不遛其所拥有的另一条狗 v。也就是说，语句"每个有狗的人（都）遛狗"的成真条件是每一个有狗的人遛其所拥有的每一条狗。

从条件概率的角度看，语句"每个有狗的人（都）遛狗"由于包含明显的全称量词同样相当于包含频度副词 always 的语句，其概率也为 $P(\varphi \mid \psi \wedge \vee A) = 1$，同样可以理解为前提或前件所表示的特征集包含于结论或后件所表示的特征集。这样看来，汉语关系句驴子句的句型与前面所处理的条件句句型具有相同的真值条件，其一阶公式的表示也是一致的。这一处理方法所得的结论与 DRT 对两类经典驴子句的处理结果是吻合的。

（二）类指隐性语句的情况

由于英语类指隐性驴子句表现为没有显性全称量词的关系句，所以我们也将汉语类指隐性语句的处理放在对关系句的模型解释中。如类指隐性语句"有狗的人遛狗"，根据 CR.N、CR.De 规则，该语句的 DRS_C为：

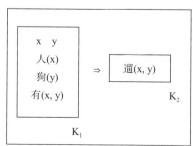

该语句的 DRS_C 与语句"每个有狗的人（都）遛狗"的 DRS_C 相同，根据 DRT 从 DRS 到一阶公式的转换规则，该语句的一阶公式也应该为：

$$\forall xy((人(x) \& 狗(y) \& 有(x, y)) \rightarrow 遛(x, y))$$

但我们在第三章中提到过，虽然这类语句没有显性的量词或条件语素，但含有隐性的量化词 Gen，其逻辑公式可以表示为 $Gen_{xy}[\psi][\varphi]$，其中 Gen 为类指量词，无选择地约束 ψ 和 φ 中的变元 x 和 y。我们将语句"有狗的人遛狗"的逻辑公式表示为：

$$Gen_{xy}((人(x) \& 狗(y) \& 有(x, y)) \rightarrow 遛(x, y))$$

其中的量化词 Gen 相当于频度副词 usually，条件概率要大于 0.5，即 $P(\varphi | \psi \wedge \vee A) > 0.5$，那么类指隐性语句"有狗的人遛狗"可以表述为"一般来说，有狗的人（都）遛狗"或是"大多数有狗的人（都）遛狗"。而这样的变形表述可以与 DRT 对含有广义量词的语句的处理相联系，这里，我们对汉语类指隐性语句的处理将借鉴 DRT 对广义量词 most 的处理，并试着给出汉语类指隐性语句在模型中被确认或被证实的定义。

DRT 中一个复式条件的一般表达式为：

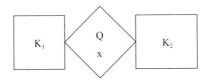

其中 Q 是由广义量词 R 所解释的量词符号，由于汉语类指隐性语句的隐性量化词 Gen 其概率条件与广义量词 most 所要求的概率条件一致，我们就将一般表达式中的 Q 换作 Gen。在第二章中，DRT 给出了真值为"真"的量化冠词的一个构成规则，这里我们尝试给出类指隐性语句的构成规则，当然我们给出的汉语类指隐性语句的"的"字结构有不同的表现方式，这里我们以"（VP+的）+N"句式为例，则处理规则表示如下：

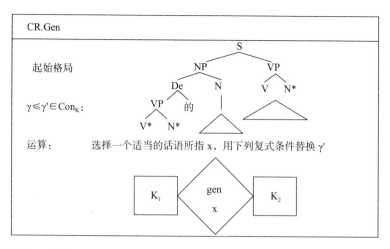

那么语句"有狗的人遛狗"的复式条件 DRS$_C$ 可表示为：

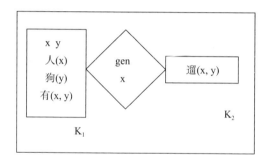

那么给定类指隐性语句的一般复式表达式：

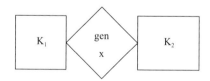

令 M 是一个模型，f 是将 K$_1$ 和 K$_2$ 的自由变元映射到 U$_M$ 的元素上的一个函数，那么可得如下定义。

定义 4.3.1

f 在 M 中确认或证实（Gen），当且仅当集合 A 和 B 间存在 R 关系，其中

（i）A ＝ {a: ∃g（g ≥ U$_{K1}$（f ∪ {<x, a>}）& g 在 M 中确认或证实 {K′$_1$}；

（ii）B = ｛a：∃ g（g≥U_{K1}（f ∪ ｛< x，a >｝）& g 在 M 中确认或证实 K_1）& ∃ h（h≥U_{K2} g & h 在 M 中确认或证实 K_2）｝；

（iii）Quant$_M$（gen）= ｛< A，B >：∣A∩B∣ > ∣A \ B∣｝。这里同样对 Quant$_M$（gen）施加一个弱限制，即要求 A 为有穷集合。

那么给定一模型 **M** = < **U**$_M$，**Name**$_M$，**Pred**$_M$ >，可做如下解释。

· **U**$_M$ 是个体集合 ｛a，b，c，d，e，k，u，v，w，z｝。

· **Name**$_M$ 是有序对集合 ｛ ｝。

· **Pred**$_M$ 是下述有序对的集合：

（i）有序对 < **有**，有$_M$ >，其中有$_M$ 是集合 ｛< a，k >，< b，u >，< c，v >，< d，w >，< e，z >｝；

（ii）有序对 < **遛**，遛$_M$ >，其中遛$_M$ 是集合 ｛< a，k >，< b，u >，< d，w >｝；

（iii）有序对 < **人**，人$_M$ >，其中人$_M$ 是集合 ｛a，b，c，d，e｝；

（iv）有序对 < **狗**，狗$_M$ >，其中狗$_M$ 是集合 ｛k，u，v，w，z｝。

在这样一个模型中，类指隐性语句"有狗的人遛狗"的复式条件 DRS$_C$ 可被确认或证实。嵌套函数 f 把 x 分别赋值给 a、b、c、d、e，把 y 分别赋值给 k、u、v、w、z；存在 f 的一个扩展函数 g，同 f 对 x 和 y 进行的赋值，在 M 中确认或证实 K_1，因为 < a，k >，< b，u >，< c，v >，< d，w >，< e，z > 为有$_M$ 集合中的元素，即 A 有五个元素；而同时存在 g 的一个扩展函数 h，将 x 分别赋值给 a、b、d，将 y 分别赋值给 k、u、w，且 h 在 M 中确认或证实 K_2，因为 < a，k >，< b，u >，< d，w > 均为遛$_M$ 中的元素，即 B 有三个元素；并且 ∣A∩B∣=5，∣A \ B∣=3，∣A∩B∣ > ∣A \ B∣。所以可以说，f 在 M 中确认或证实类指隐性语句"有狗的人遛狗"的复式条件 DRS$_C$。

若将上述模型 M 变为 M′，M′ 与 M 的不同仅在于有序对 < 遛，遛$_M$ >，其中遛$_M$ 为集合 ｛< a，k >，< b，u >｝，并将相应的下标 M 变为 M′。此时的模型 M′ 则不可确认或证实类指隐性语句"有狗的人遛狗"的复式条件 DRS$_C$，原因出在定义 4.3.1 的（iii）。M′ 中的嵌入函数 f′ 及其扩展函数 g′ 对 x 和 y 的赋值与 f 和 g 相同，即 A 仍有五个元素；而函数 h′ 将 x 赋值给 a、b，使得 B 有两个元素。这样 ∣A∩B∣=2，∣A \ B∣=3，

｜A∩B｜＜｜A＼B｜，不满足定义 4.3.1 的（iii），故类指隐性语句"有狗的人遛狗"的复式条件 DRS_c 在模型 M′ 中不能得到确认或证实。

第四节　DRT_c 对汉语驴子句的处理

在参照汉语的句法特征，尤其是汉语驴子句所涉及的句法特征后，我们对 DRT 的句法和语义都进行了相应的改造。本节我们将尝试在给出的基于 DRT 框架的 DRT_c 中，对我们归纳总结出的各类汉语驴子句进行处理。

一　汉语条件句驴子句

第三章中，我们对汉语驴子句进行了归纳总结，现将几个例句重复如下：

（116）a. 如果一农夫有驴子，他就会打驴子/它。

b. 如果农夫有驴子，农夫/他就会打驴子/它。

c. 如果谁有驴子，谁/他就会打驴子/它。

我们先看（116a），"如果一农夫有驴子，他就会打驴子/它"，语句中的"一农夫"是表类指的不定名词短语，由于结果子句中的照应语有不同的变化，所以该句可以细化为两个语句：

（116）a_1. 如果一农夫有驴子，他就会打驴子。

a_2. 如果一农夫有驴子，他就会打它。

（116a_1）涉及表照应关系相同语素，即结果子句中的"驴子"与条件子句中的"驴子"相照应，虽然在本章第二节中我们没有给出这一现象专门的处理规则，但在 CR. De ["（VP＋的）＋N"和"N＋（VP＋的）"] 中，我们已经涉及类似的句法现象，所以也采用同样的方法。后面遇到的类似语法现象我们也同样处理，就不再解释了。那么，根据 CR. ID（A）[一（＋单位词）＋名词]、CR. COND 规则，该语句的

DRS$_C$ 为：

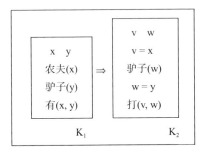

而根据 CR. ID（A）［一（＋单位词）＋名词］、CR. PRO、CR. COND 规则，语句（116a$_2$）的 DRS$_C$ 为：

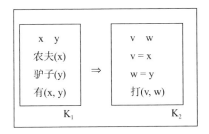

在如下的模型 M 中，语句（116a$_1$）和（116a$_2$）的 DRS$_C$ 均可被确认或证实。

　　M = < **U$_M$**，**Name$_M$**，**Pred$_M$** >，可做如下解释。

　　·**U$_M$** 是个体集合 {a, b, c, d, e, u}。

　　·**Name$_M$** 是有序对集合 {　}。

　　·**Pred$_M$** 是下述有序对的集合：

　　（i）有序对 < **有**，有$_M$ >，其中有$_M$ 是集合 {< a, d >，< b, e >，< c, u >}；

　　（ii）有序对 < **打**，打$_M$ >，其中打$_M$ 是集合 {< a, d >，< b, e >，< c, u >}；

　　（iii）有序对 < **农夫**，农夫$_M$ >，其中农夫$_M$ 是集合 {a, b, c}；

　　（iv）有序对 < **驴子**，驴子$_M$ >，其中驴子$_M$ 是集合 {d, e, u}。

只要嵌套函数 f 把 x 分别赋值给 a、b、c，把 y 分别赋值给 d、e、u，则 f 在上述模型 M 中确认 K$_1$（因为 < a, d >，< b, e >，< c, u > 在有序对有$_M$的集合中）；而其扩展函数 g 将 v 和 w 分别等同于 x 和 y，这样 g 就在上述模型 M 中确认 K$_2$，因为 <a, d>，<b, e>，<c, u> 都为打$_M$集合中的元素。所以上述模型 M 可确认或证实（116a）的 DRS$_C$。

接下来看（116b），"如果农夫有驴子，农夫/他就会打驴子/它"，该语句的结果子句中的照应语可以有多种变化，其不同的组合方式可以将（116b）细化为这样几个语句：

（116）b$_1$. 如果农夫有驴子，农夫就会打驴子。

b$_2$. 如果农夫有驴子，农夫就会打它。

b$_3$. 如果农夫有驴子，他就会打驴子。

b$_4$. 如果农夫有驴子，他就会打它。

根据 CR. N、CR. COND 规则，（116b$_1$）的 DRS$_C$为：

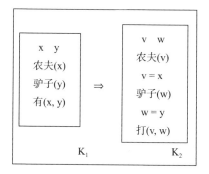

根据 CR. N、CR. PRO、CR. COND 规则，　（116b$_2$）（116b$_3$）（116b$_4$）的 DRS$_C$分别为：

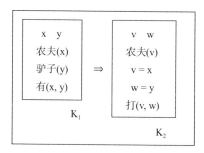

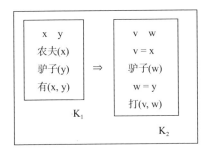

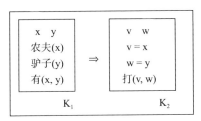

很容易证明，（116b）的四个细化语句的 DRS$_C$ 在（116a）两个语句可被确认或证实的模型 M 中同样可被确认或证实。同样，嵌套函数 f 把 x 分别赋值给 a、b、c，把 y 分别赋值给 d、e、u，则 f 在上述模型 M 中确认 K$_1$，其扩展函数 g 将 v 和 w 分别等同于 x 和 y，这样 g 就在模型 M 中确认 K$_2$，确认或证实的过程就完成了。

最后看（116c），"如果谁有驴子，谁/他就会打驴子/它"，该语句涉及"wh...wh"结构，同样由于结果子句中的照应语的变换，（116c）可以细化为如下语句：

（116）c$_1$. 如果谁有驴子，谁就会打驴子。

　　　　c$_2$. 如果谁有驴子，谁就会打它。

　　　　c$_3$. 如果谁有驴子，他就会打驴子。

　　　　c$_4$. 如果谁有驴子，他就会打它。

对结果子句中出现疑问词照应语的情况虽然我们没给出具体的规则，但我们在给出 CR. ID［wh—谁］规则后，以举例的方式给出了相应的处理方法，所以，在涉及"wh...wh"结构的语句时，我们统一用 CR. ID［wh—谁］规则来对疑问词照应语进行处理。那么根据 CR. ID［wh—谁］、CR. N、CR. COND 规则，（116c$_1$）的 DRS$_C$ 为：

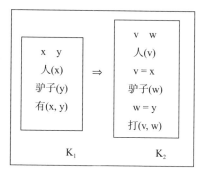

根据 CR. ID〔wh—谁〕、CR. N、CR. PRO、CR. COND 规则，（116c₂）（116c₃）（116c₄）的 DRS_c 分别为：

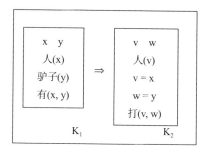

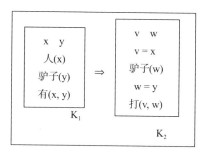

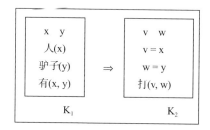

给定一模型 **M′** = <**U**_{M′}，**Name**_{M′}，**Pred**_{M′}>，并做如下解释。

　　·**U**_{M′} 是个体集合 {a，b，c，d，e，u}。

· **Name**$_M$是有序对集合 ｛　｝。

· **Pred**$_M$是下述有序对的集合：

（i）有序对 < **有**，有$_M$ >，其中有$_M$是集合 ｛<a, d>，<b, e>，<c, u>｝；

（ii）有序对 < **打**，打$_M$ >，其中打$_M$是集合 ｛< a, d >，< b, e >，< c, u >｝；

（iii）有序对 < **人**，人$_M$ >，其中人$_M$是集合 ｛a, b, c｝；

（iv）有序对 < **驴子**，驴子$_M$ >，其中驴子$_M$是集合 ｛d, e, u｝。

（116c）的四个细化语句的 DRS$_C$在模型 M′中可被确认或证实。只要嵌套函数 f 把 x 分别赋值给 a、b、c，把 y 分别赋值给 d、e、u，其扩展函数 g 将 v 和 w 分别等同于 x 和 y，就可以完成确认或证实。

根据对汉语条件句驴子句的三个句型的处理结果，对照 DRT 从 DRS 到一阶公式的转化，（116a）和（116b）的一阶公式可以表示为：

$$\forall xy((农夫(x) \& 驴子(y) \& 有(x, y)) \rightarrow 打(x, y))$$

而（116c）的一阶公式可以表示为：

$$\forall xy((人(x) \& 驴子(y) \& 有(x, y)) \rightarrow 打(x, y))$$

从真值条件来看，汉语条件句驴子句的成真条件是每一个有驴子的农夫或人打其所拥有的每一头驴子，这与 DRT 对英语条件句驴子句处理的结果是一致的。

二　汉语关系句驴子句

我们将汉语关系句驴子句重复如下：

（120）a. 每个有驴子的农夫（都）打驴子。

　　　　b. 有驴子的农夫都打驴子。

　　　　c. 农夫有驴子的都打驴子。

　　　　d. 有驴子的都打驴子。

　　　　e. 谁有驴子，谁/他都会打驴子/它。

根据 CR. 每个/都、CR. N、CR. De ［"（VP＋的）＋N"和"N＋（VP＋

的）"］规则，（120a）的 DRS$_C$ 为：

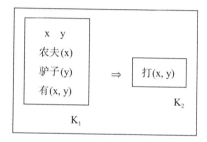

根据 CR. 每个/都、CR. N、CR. De［"（VP + 的）＋ N"和"N +（VP +
的）"］规则，（120b）和（120c）的 DRS$_C$ 均为：

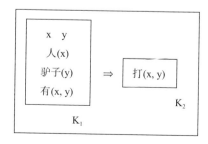

（120a）、（120b）和（120c）的 DRS$_C$ 在（116a）可被确认或证实的模型
M 中同样可被确认或证实。根据 DRT 给出的全称语句在模型中的的确认
或证实的定义，嵌套函数 f 把 x 分别赋值给 a、b、c，把 y 分别赋值给 d、
e、u，f 的扩展函数 g 也同样将 x 和 y 赋值，即可完成确认或证实的任务。
a、b、c 同时属于农夫$_M$ 且 < a，d >，< b，e >，< c，u > 属于有$_M$，即满足
条件句的前件；< a，d >，< b，e >，< c，u > 都属于打$_M$，即满足后件。

根据 CR. 每个/都、CR. N、CR. De［"（VP + 的）＋ Φ"］规则，
（120d）的 DRS$_C$ 为：

（120d）的 DRS$_C$ 在（116c）可被确认或证实的模型 M′ 中同样可被确认或证实。嵌套函数 f 把 x 分别赋值给 a、b、c，把 y 分别赋值给 d、e、u，其扩展函数 g 也同样将 x 和 y 赋值，就可以完成确认或证实。

最后看（120e），"谁有驴子，谁/他都会打驴子/它"，由于照应语的变化，该语句可以细化为：

（120）e$_1$. 谁有驴子，谁都会打驴子。

　　　 e$_2$. 谁有驴子，谁都会打它。

　　　 e$_3$. 谁有驴子，他都会打驴子。

　　　 e$_4$. 谁有驴子，他都会打它。

根据 CR. ID［wh—谁］、CR. N 规则，（120e$_1$）的 DRS$_C$ 为：

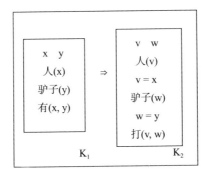

根据 CR. ID［wh—谁］、CR. N、CR. PRO 规则，（120e$_2$）（120e$_3$）（120e$_4$）的 DRS$_C$ 分别为：

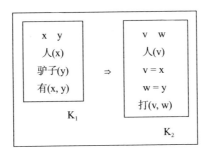

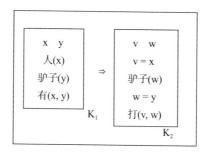

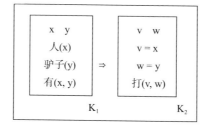

可见，（120e）和（116c）的四个细化语句的 DRS$_C$ 都是一一对应的，且都相同。那么可确认或证实（116c）的模型 M′，同样可确认或证实（120e），且满足可确认或证实的嵌入函数赋值均相同。

　　根据对汉语关系句驴子句的四个句型的处理结果，对照 DRT 从 DRS 到一阶公式的转化，（120a）、（120b）和（120c）的一阶公式均可以表示为：

$$\forall xy((农夫(x) \& 驴子(y) \& 有(x, y)) \rightarrow 打(x, y))$$

而（120d）和（120e）的一阶公式均可以表示为：

$$\forall xy((人(x) \& 驴子(y) \& 有(x, y)) \rightarrow 打(x, y))$$

那么从真值条件来看，汉语关系句驴子句的成真条件也是每一个有驴子的农夫或人打其所拥有的每一头驴子，与我们对汉语条件句驴子句处理的结果是一致的，同 DRT 对两类经典驴子句的处理结果也是吻合的。在汉语关系句句型的模型解释中，我们提到过从条件概率的角度看，包含明显全称量词的语句，即我们给出的汉语驴子句相当于包含频度副词 always 的语句，其概率为 P(φ | ψ ∧ ∨ A) ＝1，这样汉语条件句驴子句和关系句驴子句从概率论角度看，其概率均为 1，也可以理解为，K$_1$ 所表示的特征集包含于 K$_2$ 所表示的特征集。

三　汉语类指隐性驴子句

我们将第三章中归纳总结的汉语类指隐性驴子句重复如下：

（122*）a. 个人（自己）有驴子，个人（自己）打。

　　　　b. 一有驴子的农夫打驴子。

　　　　c. 有驴子的农夫打驴子。

　　　　d. 有驴子的打驴子。

　　　　e. 谁有驴子，谁打驴子。

这里由于（122*a）涉及反身代词自己，且有省略情况，我们先不对其进行处理，而是将其放在后面汉语驴子句的省略情况中进行详细说明。

对于汉语类指性语句，由于其没有显性的量词或条件语素，但含有隐性的量化词 Gen，我们在上一节中给出了 CR. Gen 规则，那么在这一规则的基础上，我们来看另外四个类指隐性驴子句。根据 CR. ID（A）[一（＋单位词）＋名词]、CR. N、CR. Gen、CR. De ["（VP＋的）＋N"和"N＋（VP＋的）"] 规则，（122*b）的 DRS$_C$ 为：

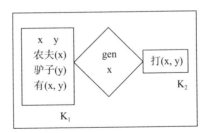

根据 CR. N、CR. Gen、CR. De ["（VP＋的）＋N"和"N＋（VP＋的）"] 规则，（122*c）的 DRS$_C$ 与（122*b）的 DRS$_C$ 相同。那么给定一模型 **M** = <**U$_M$**,**Name$_M$**, **Pred$_M$** >，可做如下解释。

·**U$_M$** 是个体集合 {a, b, c, d, k, u, v, w}。

·**Name$_M$** 是有序对集合 { }。

·**Pred$_M$** 是下述有序对的集合：

（i）有序对 < **有**, 有$_M$ >，其中有$_M$ 是集合 {< a, k >, < b, u >, < c, v >, < d, w >}；

（ii）有序对＜**打**，打_M＞，其中打_M是集合 ｛＜a，k＞，＜b，u＞，＜d，w＞｝；

（iii）有序对＜**农夫**，农夫_M＞，其中农夫_M是集合 ｛a，b，c，d｝；

（iv）有序对＜**驴子**，驴子_M＞，其中驴子_M是集合 ｛k，u，v，w｝。

（122*c）和（122*b）的 DRS_C在上述模型 M 中可被确认或证实。根据定义 4.3.1，嵌套函数 f 把 x 分别赋值给 a、b、c、d，把 y 分别赋值给 k、u、v、w；f 的扩展函数 g，同 f 对 x 和 y 进行的赋值，在 M 中确认或证实 K₁，因为＜a，k＞，＜b，u＞，＜c，v＞，＜d，w＞均为有_M集合中的元素，即 A 有四个元素；同时 g 的一个扩展函数 h，将 x 分别赋值给 a、b、d，将 y 分别赋值给 k、u、w，且 h 在 M 中确认或证实 K₂，因为＜a，k＞，＜b，u＞，＜d，w＞均为打_M中的元素，即 B 有三个元素。由此，｜A∩B｜＝3，｜A＼B｜＝1，｜A∩B｜＞｜A＼B｜，确认或证实任务完成。

根据 CR. N、CR. Gen、CR. De［"（VP＋的）＋Φ"］规则，（122*d）的 DRS_C为：

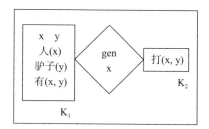

若将上述可确认或证实（122*b）和（122*c）的 DRS_C的模型 M 稍加改动，仅将（iii）改为

（iii）有序对＜**人**，人_M＞，其中人_M是集合 ｛a，b，c，d｝

其余结构不变，则改动后的模型可确认或证实（122*d）的 DRS_C，具体情况同（122*c）和（122*b）的 DRS_C在模型 M 中被确认或证实的过程，这里不再赘述。

至于（122*e），根据 CR. N、CR. Gen、CR. ID［wh—谁］规则，其 DRS_C为：

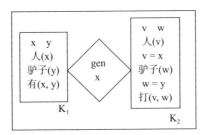

给定模型 **M′** = < **U$_{M'}$**, **Name$_{M'}$**, **Pred$_{M'}$** > ，并做如下解释。

　　·**U$_{M'}$**是个体集合 ｛a，b，c，d，e，k，u，v，w，z｝。

　　·**Name$_{M'}$**是有序对集合 ｛ ｝。

　　·**Pred$_{M'}$**是下述有序对的集合：

　　（i）有序对 < **有**，有$_{M'}$ > ，其中有$_{M'}$是集合 ｛< a，k > ，< b，u > ，< c，v > ，< d，w > ，< e，z >｝；

　　（ii）有序对 < **打**，打$_{M'}$ > ，其中打$_{M'}$是集合 ｛< a，k > ，< b，u > ，< d，w > ，< e，z >｝；

　　（iii）有序对 < **人**，人$_{M'}$ > ，其中人$_{M'}$是集合 ｛a，b，c，d，e｝；

　　（iv）有序对 < **驴子**，驴子$_{M'}$ > ，其中驴子$_{M'}$是集合 ｛k，u，v，w，z｝。

（122*e）在该模型 M′中可被确认或证实。令嵌套函数 f 把 x 分别赋值给 a、b、c、d、e，把 y 分别赋值给 k、u、v、w、z；f 的扩展函数 g，同 f 对 x 和 y 进行的赋值，在 M 中确认或证实 K$_1$，因为 < a，k > ，< b，u > ，< c，v > ，< d，w > ，< e，z >均为有$_{M'}$集合中的元素，即 A 有五个元素；同时 g 的一个扩展函数 h，将 x 分别赋值给 a、b、d、e，将 y 分别赋值给 k、u、w、z，且 h 在 M 中确认或证实 K$_2$，因为 < a，k > ，< b，u > ，< d，w > ，< e，z >均为打 M′中的元素，即 B 有四个元素。由此，｜A∩B｜=4，｜A＼B｜=1，｜A∩B｜>｜A＼B｜，完成确认或证实。

四　汉语驴子句的省略情况

　　汉语中的省略情况多种多样，而三类汉语驴子句的省略情况主要是照应语的省略，现将汉语驴子句的可能省略情况重复如下：

　　（123）a. 如果一农夫有驴子，他／［e］就会打它／［e］。

b. 如果农夫有驴子，农夫/他/［e］就会打驴子/它/［e］。

c. 如果谁有驴子，谁/他/［e］就会打驴子/它/［e］。

d. 农夫有驴子的都打［e］。

e. 有驴子的都打［e］。

f. 谁有驴子，谁/他/［e］都会打驴子/它/［e］。

g. 个人（自己）有驴子，个人（自己）打［e］。

h. 谁有驴子，谁打驴子/［e］。

在本章第二节中，我们对汉语驴子句中名词和代词的省略问题进行了句法结构说明。对于省略部分，我们在语句的句法结构中用 Gap = NP 来表示，通过对省略部分的特征标注，例如"性"特征等，在上下文（这里一般是语句中已经出现的语素）中寻找相应的语素，在 DRS$_c$ 中则表现为通过语句句法结构中特征值相同的语素，给省略的部分找到已引入的适当的话语所指。所以，对省略句处理的关键是在其句法结构中将省略的部分补充出来，而后再采用我们前面使用的处理各种汉语驴子句的相应方法对其进行处理。

这里我们仅以（123b）为例进行说明，其他语句的处理要结合各自所属的驴子句类别，处理的基本思想是相似的。语句"如果农夫有驴子，农夫/他/［e］就会打驴子/它/［e］"由于结果子句中的照应语可以有不同的组合，鉴于这里我们主要考察省略的情况，所以我们仅看其细化的一例"如果农夫有驴子，他就会打"，其句法结构为：

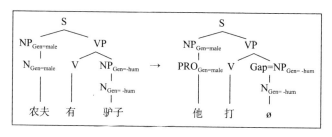

根据两个小句的句法结构中"Gen"的特征值，该语句的完整表述为"如果农夫有驴子，他就会打驴子"，那么体现在句法结构中，我们可以这样表示：

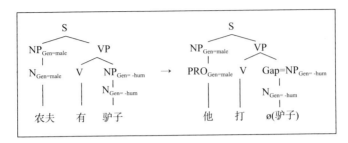

这样，省略句"如果农夫有驴子，他就会打"的 DRS_C 就可以按照语句
"如果农夫有驴子，他就会打驴子"的 DRS_C 的生成过程进行，不同的
是，结果子句中不必引入新的与"驴子"有关的条件，而是将补充出来
的名词"驴子"视为代词一般处理，但为了与语句中真正出现代词的情
况相区别，我们将引入加下标的话语所指来相区分。

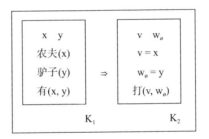

那么对于模型 $\mathbf{M} = <\mathbf{U}_M, \mathbf{Name}_M, \mathbf{Pred}_M>$，可做如下解释。

・$\mathbf{U}_M$ 是个体集合 $\{a, b, c, d, e, u\}$。

・$\mathbf{Name}_M$ 是有序对集合 $\{\ \}$。

・$\mathbf{Pred}_M$ 是下述有序对的集合：

（i）有序对 $<有, 有_M>$，其中有 $_M$ 是集合 $\{<a, d>, <b, e>, <c, u>\}$；

（ii）有序对 $<打, 打_M>$，其中打 $_M$ 是集合 $\{<a, d>, <b, e>, <c, u>\}$；

（iii）有序对 $<农夫, 农夫_M>$，其中农夫 $_M$ 是集合 $\{a, b, c\}$；

（iv）有序对 $<驴子, 驴子_M>$，其中驴子 $_M$ 是集合 $\{d, e, u\}$。

省略句"如果农夫有驴子，他就会打"的 DRS_C 在该模型中可被确
认或证实。根据其所属的条件句驴子句情况，要求嵌套函数 f 把 x 分别
赋值给 a、b、c，把 y 分别赋值给 d、e、u，则 f 在模型 M 中确认 K_1，其扩

展函数 g 将 v 和 w 分别等同于 x 和 y，使得 g 在模型 M 中确认 K_2，则确认或证实任务结束。

下面我们来看看语句（123g）"个人（自己）有驴子，个人（自己）打［e］"，该语句涉及反身代词"个人/自己"及省略情况。这里我们先试着给出反身代词的 DRS_C 处理规则。汉语中反身代词可以在语句中充当不同的成分，由于汉语驴子句涉及的反身代词在句中充当主语，所以，我们也仅试着给出充当主语的反身代词"个人/自己"的处理规则。从反身代词自身的语素可以看出，"个人"指的当然是"人"，而"自己"相对不同的语境会有不同的所指。我们给出的汉语驴子句中的"自己"，可以根据其谓语部分"有驴子"和"打"看出其所指的也是"人"。基于与汉语驴子句相关的反身代词"个人/自己"所指代的都是"人"，我们给出其 DRS_C 处理规则。就语句"个人（自己）有驴子，个人（自己）打［e］"而言，我们先给出与该句有关的句法结构规则：

S→NP VP

NP→Sel

Sel→个人、自己

该句式相当于"wh…wh"结构，两个子句间也表现为一种条件关系，那么该语句的句法结构树可以表示为：

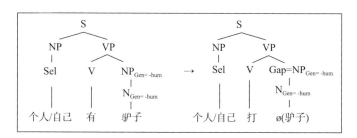

与"wh…wh"结构相类似，第二个子句中的反身代词是第一个子句的反身代词的照应语，所以这里我们给出的反身代词的规则，仅考察第一个子句，第二句子中的照应语按照一般照应语的处理方式进行处理即可。对第一个子句中的反身代词，我们给出的处理规则如下：

（i）在论域中引入一个新的话语所指；

（ii）在条件集中引入条件"人（　）"，括号中为新引入的话语所指；

（iii）在条件集中引入这样一个条件，该条件是通过在相关的句法结构中用新的话语所指替换以 Sel 为节点的枝得到的。

其形式化表示为：

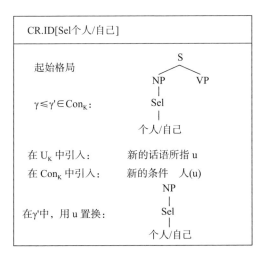

这样，第一个子句的 DRS$_C$ 为：

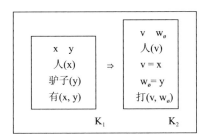

对照"wh…wh"结构及省略句的处理规则，语句"个人（自己）有驴子，个人（自己）打 ［e］"的 DRS$_C$ 为：

由于该语句属于类指隐性驴子句，所以其在模型中的解释要遵循该类语句的规则，这里不再说明。

五 基于预设处理的新 DRT 视角

在第二章中，我们介绍了一个基于预设处理的新 DRT 理论框架，该理论将预设视为一语句对其被使用的上下文或语境施加的要求。若一语境不能满足语句所施的预设要求，那么就要对该语境进行调适和修正，以满足语句的预设要求；若该语境既不能满足语句所有的预设要求，又不能被调适到一个适当的语境，那么这一解释就是失败的。这样，解释者就无法在该语句出现的语境中获得连贯一致的信息。该理论其实是将代词这样的照应性表达式看作携带预设的一类特殊的表达式，这样它们就可以获得一个适当的先行词。

该理论对预设的处理分两步，第一步，为每一个小句构造一个初始表达式，其中，语句所带有的所有预设也都有明确的表示；第二步，在语境中一一核对初始表达式中所表示的所有预设，当必要且可行时，对该语境进行调适，当所有预设都被满足时，初始表达式的剩余非预设部分要与此时的语境（或初始的或调适后的）合并，即能得到语句的 DRS。下面我们用这一理论对一汉语驴子句进行处理，进而对该理论与我们给出的 DRT$_C$ 进行比较说明。

以汉语条件句驴子句"如果农夫有驴子，他就会打它"为例，由空语境 DRS 和该语句的初始 DRS 构成的有序对为：

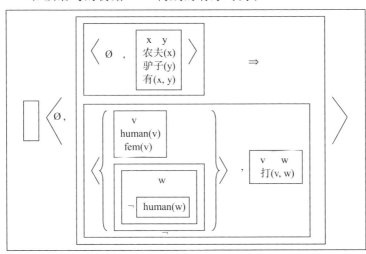

上面初始 DRS 的结果子句中涉及两个预设，分别由代词"他"和"它"产生。前者要求一个具有"人类"且"男性"性质的先行词，后者需要一个"非人类"性质的先行词，而所需的先行词只能在语境中寻找。根据所得的初始 DRS，这里的语境只能是条件子句。根据这一方法，"他"与"农夫"引进的话语所指 x 相匹配，"它"与"驴子"引进的话语所指 y 相匹配，而这些匹配以 v = x 和 w = y 的形式记录在结果子句的 DRS 的非预设组成部分中，得到的表达式为：

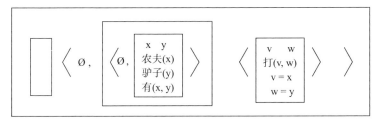

解决了初始 DRS 中的所有预设后，就可以将各种局部或整体的语境 DRS 合并到初始 DRS 的非预设部分，得到该语句的 DRS 为：

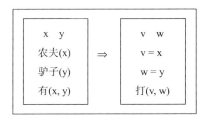

上面所得的 DRS 与我们在 DRT_C 框架下对该语句的处理结果是相同的。其实基于预设处理的 DRT 是将语句的句法结构树中的代词这样的照应语的相关特征，例如"性—Gen"的特征，特别显示在初始 DRS 中作为预设。我们可以将该理论的初始 DRS 看作一语句句法结构树与其最终的 DRS 间的一个信息累加和传递的桥梁。基于 DRT 框架的 DRT_C 与 DRT 都是通过给出照应语的不同 DRS_C 构造规则，从语句的句法结构树得到该语句的 DRS_C 语义图框，而基于预设处理的 DRT 相当于将 DRT_C 的语句句法结构树中的词项特征及其相应的 DRS_C 构造规则分别划入其对预设处理的两个步骤中。两种视角的理论对同一语句处理的思想是一致的，这对自然语言的机器翻译及人工智能研究都有重要的理论意义。

第五节 小结

本章在第二章和第三章的基础上，针对汉语驴子句所涉及的语法现象尝试着对 DRT 进行了一些改造——从句法规则到 DRS 构成规则，再到 DRS 在模型中的解释，并以 DRT$_c$、DRS$_c$ 这样的加下标的形式与原 DRT 与 DRS 相区别。应该说，我们对 DRT 框架的改动是很小的，并不触及其基本的理论思想，同时也没有涉及众多的汉语语法现象，而只是为了能用 DRT 的思想来尝试处理汉语中的驴子句现象。我们基于学界已有的研究成果将汉语驴子句归纳总结为三大类——条件句驴子句、关系句驴子句、类指隐性驴子句，同时我们将这三类驴子句的省略情况单独拿出来作为一类现象进行解释和说明。

针对我们给出的汉语驴子句涉及的句法，我们增添了新的基本的短语结构规则，如 NP→wh、NP→N 等；在 DRS$_c$ 构成规则中我们给出了不定名词表存在解读和类指解读的不同规则 CR. ID（E）［一（＋单位词）＋名词］和 CR. ID（A）［一（＋单位词）＋名词］，并增添了以疑问词"谁"为代表的"wh…wh"结构的构成规则 CR. ID［wh—谁］，另外还有通名规则 CR. N、"的"字结构规则，在驴子句的省略情况下对反身代词"个人/自己"也给出了相应的构造规则；在 DRS$_c$ 在模型中的解释部分，我们增加了对类指隐性语句的模型解释定义。这些工作都是我们的一个尝试，也是本书的一个重要的创新。虽然新增的汉语句法现象的针对性较强，所涉及的句法现象在汉语中还有许多其他用法，但这毕竟是在 DRT 框架下针对汉语语言某类现象处理的一个尝试。作为一种形式化的语义理论，DRT 还关注了自然语言中的其他现象，例如语篇的时间照应问题等，而汉语中也同样存在这样的现象，在以后的研究中，可以针对汉语在时间照应方面的句法现象对 DRT 的某些部分进行改造，以便利用 DRT 对该问题的处理思想来处理汉语中的相应问题。这些尝试不但为汉语的不同语法现象提供了一个可能的形式化的处理方法，同时也是对 DRT 本身的一个发展，可以不断增强其处理自然语言信息的能力，拓宽其应用范围。

　　我们将视线再拉回驴子句现象。虽然本章我们在 DRT$_\text{C}$ 框架下对归纳出的汉语驴子句进行了处理，但由于这样的归纳也是源于英语驴子句现象，所以英语驴子句现象面临的其他问题，汉语驴子句也同样需要考虑。在第一章中，我们提到了国外学者对英语驴子句的不同处理方法，集中在对不定名词"a + N"的不同解读，也就是全称解读与存在解读的问题。例如语句"Every man who has a credit card will use it to pay"，该语句与经典驴子句"Every farmer who owns a donkey beats it"具有同样的语法现象。按照 DRT 的解释，经典驴子句的成真条件为每个有驴子的农夫抽打其所拥有的每一头驴子，其一阶公式表示为：

$$\forall xy((\text{farmer}(x) \& \text{donkey}(y) \& \text{own}(x, y)) \rightarrow \text{beat}(x, y))$$

照此处理方法，语句"Every man who has a credit card will use it to pay"成真条件的一阶公式应表示为：

$$\forall xy((\text{man}(x) \& \text{credit card}(y) \& \text{has}(x, y)) \rightarrow \text{use}(x, y) \text{ to pay})$$

而现实生活中，该语句成真并不需要每个有信用卡的人用其所拥有的每一张卡付款。相应地，我们在将经典驴子句翻译为汉语语句时也用到不定名词，不定名词也同样有存在性用法和类指用法，我们已在 DRS$_\text{C}$ 构造规则中给予其两种用法不同的处理方法，而英语驴子句中的不定名词在翻译为汉语语句时，可以用通名替换，例如英语关系句驴子句的汉语翻译句可以为"每个有驴子的农夫（都）打驴子"，这样，英语中不定名词的不同解读也会反映在汉语的普通名词中。那么我们在 DRT$_\text{C}$ 中对该汉语驴子句的处理也同 DRT 对英语关系句驴子句的处理结果一致，即要求每个有驴子的农夫抽打其所拥有的每一头驴子。而上面提到的英语中的不定名词的存在用法的语句，在汉语中的相应翻译为"每个有信用卡的人都用信用卡付款"，那么按照 DRT$_\text{C}$ 的处理规则，该语句中的"信用卡"也将被处理为全称解读，而在实际生活中该语句的成真条件并不要求是这样的情况。此外，与驴子句有关的汉语通名，由于在句法上没有单复数的显示，所以在涉及复数代词指代通名指称的情况时，我们可以借鉴 DRT 对复数名词与代词间的指代照应关系的处理方法对汉语复数代词与名词间的照应关系进行说明。以上提到的问题我们将在第五章中给予关注。

另外，前文曾提到，具有明显条件句语素的条件句、具有明显全称量词的关系句与具有隐性量词"Gen"的类指隐性语句之间的成真条件不同，或是在条件概率方面要求的概率值不同，但我们认为这不是十分绝对的。在一些情况下，条件句和关系句也并不要求具有全称解读，允许有例外，尤其是涉及对世界的认知方面的语句，因为随着人类对世界认识的深化，已有的认知可能随时被更改，相应地，表达原有认知的语句的成真条件就会随之改变；类指隐性语句也可表全称解读，不允许有例外，例如表规章制度的语句"闯红灯的扣分"，这一语句所表达的制度对所有人适用，不会有例外。这样来看，不同类型的语句的成真条件及概率值与语句所表达的信息类型也有密切关系，而这也可以被看作与语境有关的语义变化，即涉及语句的语用因素。Jiang、Pan、Zou（1997）给出了一个元语言 L，将两个语用概念 speaker's ground 和 common ground 加入模型论概念中，使得对名词短语的解释可以兼顾真值理论和其语义内容的语用方面。我们在下一章中将尝试使用这样的元语言给予上面所列出的问题一定的解释。

第五章　与驴子句相关的其他问题

本章我们将讨论几个与驴子句相关的问题。自 DRT 给出英语驴子句的处理方法以来，很多学者就 DRT 的处理结果给出了各自不同的观点，主要是就驴子句中的驴子代词的读法的研究和讨论。Chierchia（1992，1995）将不同的读法分为"∀ – reading"和"∃ – reading"，即"全称读法"和"存在读法"，或"strong reading"和"weak reading"。学界普遍认为，虽然 DRT 对驴子句的处理方法适用于很多类似的语言现象，但也有例外。那么相应地，汉语驴子句中的照应语也存在类似的问题。汉语驴子句中的照应语除了代词以外通常表现为"成对的同一语素"中的第二次出现，例如语句"有驴子的农夫打驴子"，其中的照应语为第二个通名"驴子"。由于汉语中的通名在句法上没有"数"的特征，所以在本章中，我们将讨论作为通名的复数代词照应语的处理。另外，在第四章的结尾处，我们谈到条件句、关系句及类指隐性语句间的真值条件及概率值的可能的变化问题，在本章中我们也将具体来探讨一下。鉴于自然语言语义的丰富多变，我们将尝试借鉴 Jiang、Pan、Zou（1997）给出的元语言 L 构架非形式化地给出上面所提到的几个问题的说明。

第一节　驴子照应语的读法问题

对于英语中的两个经典驴子句，现重复如下：

（124）Every farmer who owns a donkey beats it.

（125）If a farmer owns a donkey, he beats it.

DRT 给出的真值条件为：

$$\forall xy((farmer(x)\&donkey(y)\&own(x, y))\rightarrow beat(x, y))$$

以关系句驴子句 "Every farmer who owns a donkey beats it" 为例，DRT 的解读为 "Every farmer who owns a donkey beats all of the donkeys he owns"；相对于 DRT 的解读，另一种解读方法为 "Every farmer who owns a donkey beats at least one of the donkeys he owns"。Chierchia（1992，1995）将 DRT 的解读方法称为 "∀ – reading"，将后者称为 "∃ – reading"。

　　Bart Geurts（2002）在 "Donkey Business" 一文中提到了 Parsons 对上述现象的一些观察，Parsons 注意到，尽管许多人对语句（124）更偏好于 "∀ – reading" 的理解，但在有些例句中人们很明显更偏好 "weak reading"，例如：

　　（126）a. Every guest who had a credit card used it to pay his hotel bill.（∃ – reading）

　　　　　b. Every guest who had a credit card kept it in his wallet.（∀ – reading）

很明显，对于语句（126a），人们更偏好于 "较弱" 的解读，即每个有信用卡的客人用其所拥有的其中一张卡结账，该语句就为真；而对于语句（126b），人们对其成真的条件更偏好于 "每个有信用卡的客人将其拥有的所有信用卡都装在钱包里"。Bart Geurts 认为，这样看来，决定一驴子句的偏好解读的因素有两个："初始冠词"（initial determiner）和"世界知识"（world knowledge）。Bart Geurts 赞同 Kanazawa（1994）的观点，认为冠词的逻辑性质对驴子句解释的偏好选择起关键作用，并用英语中对不同冠词考察的实验数据来支持这一观点：包含 "weak determiners" 的驴子句只有 "∃ – reading"；包含 "universal determiners" 的驴子句更偏好 "∀ – reading"，但也可能会有 "∃ – reading"。同时 Bart Geurts 更加关注 "世界知识" 对驴子句读法选择的影响，认为驴子句总有确定的解释是不大可能的。

　　由于驴子句现象在汉语中也存在，所以英语驴子句涉及的上述问题，汉语驴子句中也同样存在。在汉语的三大类驴子句中，条件句驴子句的照应语可以是代词也可以是与其先行词同语素的通名，而关系句驴子句和类指隐性驴子句中的照应语均为与其先行词同语素的通名。我们先来看条件句驴子句中代词作照应语的情况。语句"如果农夫有驴子，他就（会）打它"，由于代词"它"的单数形式，所以难免会给人一种预设，即"农夫一般只有一头驴子"，这也就是描述性方法（E‑Type 或是 D‑Type 方法）遇到的不大受欢迎的"唯一性预设问题"。在兼顾代词的单数形式解释的同时，避免"唯一性预设问题"的一个方法正如 Heim（1982，1983，1990）给出的一个量化最小情境（minimal situations）的驴子句 E‑Type 分析，即将农夫与其所拥有的每一头驴子组成的每个有序对作为一个最小情境，使得唯一性条件足够弱而不构成伤害，这样也就很难找出反例。类似的处理还有赖语境量词方法，简称 CDQ，该理论认为：条件句的语义涉及包含最小情境的全称量化。具体地说，一个条件句断定了，对于每一个在其中前件为真的最小情境 s_1 来说，存在一个情境 s_2，使得 s_1 是它的一部分且后件在该部分中为真。然而这两种方法分别会遇到"无法区分的参与者问题"（problem of indistinguishable participants）、"比例问题中的不对称读法问题"及"熟知性效应"的含糊不清问题。既然涉及单数代词照应语的语句有这样的问题，那么与其就单一语句的语义进行讨论，不如将语句置于基于信息传递的交流过程中进行分析。可以通过语言信息交流双方的信息互通及反馈来达成双方对一语句语义的一致性理解，也即可以归结到涉及语用的语义解释。

汉语中，我们给出的语句"如果农夫有驴子，他就（会）打它"的另一种表述可以为"如果农夫有驴子，他就（会）打驴子"，该语句将代词照应语"它"换成与条件子句中的先行词"驴子"同语素的通名"驴子"，由于汉语的通名在句法上没有数的变化，也就是说通名既可以表单数语义，也可以表复数语义，这样，对条件句驴子句"如果农夫有驴子，他就（会）打驴子"的理解，其成真条件可以为"农夫抽打其所拥有的每一头驴子"，而对下面的解释，即"农夫抽打其所拥有的某些驴子"，人们也不会觉得原语句就为假。也就是说，对于下面两种情况：

（i）农夫 A 有十头驴子，他抽打这十头驴子。

（ii）农夫 B 有十头驴子，他抽打其中的七头。

在情况（i）中，驴子句"如果农夫有驴子，他就（会）打驴子"一定为真，而在情况（ii）中，人们一般不会认为该语句一定为假，也许这样的解释会违反逻辑的基本规律，但我们可以在特定的语用情境中给出该语句的唯一确定性解释。

再看汉语关系句驴子句的情况。我们给出的汉语关系句驴子句中照应语均为与其先行词同语素的通名，那么对照英语关系句照应语的两种解读，汉语中也有类似现象，例如：

> （127）a. 有信用卡的人都刷卡消费。（∃ - reading）
>
> 　　　　b. 有信用卡的人都把卡放到钱包里。（∀ - reading）

我们认为语句（127）中两个语句对相同的照应语的不同解读源自"世界知识"，或是"一般的情境状况"，因为在实际生活中，有信用卡的人一般用一张卡消费即可，除非该卡中的余额不足以支付相关费用；而对于（127b）的情况，一般有信用卡的人会把卡都放到钱包里，这也是一般人的做法，当然也会有人有例外的习惯。那么这又涉及关系句的成真条件及概率要求问题，正如我们给出的语句（127），虽然形式上表现为关系句，但在现实生活中仍可以有例外的情况，这里我们先搁置这一问题，留在第三节讨论。再回到同一照应语的不同解读问题上，该问题体现了以一种单一的处理不定名词的方法处理自然语言中的所有相关语句是不可行的。自然语言语义的变化除了与句法有关，更与语言所使用的语境及世界知识有关，我们同样可以将这一问题归结到多种因素交叉的信息交流过程中进行分析。

Jiang、Pan、Zou（1997）给出了一个元语言 L，该语言在模型论概念的集合中增加了两个语用概念，"speaker's ground"和"common ground"，分别表示为模态算子 $\Diamond_{gs}$ 和 $\Diamond_{gc}$。我们这里主要关注该语言的语义部分。元语言 L 的模型为：$\mathbf{M} = <W, I, G, U, <, F>$，其中：

（i）W 是一个可能世界的集合；

（ii）I 是由关系"<"排序的元素的有序对的集合；

（iii）G 是语言使用者所拥有的背景知识的集合，其中说话者的知识

集为 G_s（$G_s \leqslant G$），听者的集合为 G_h（$G_h \leqslant G$），说话者与听者共享的知识集为 G_c（$G_c = G_s \cap G_h$）；

（iv）U 是个体论域；

（v）F 是 L 中映射到非逻辑常元的赋值，对于个体常元，F 将 U 中的个体作为赋值，对于一元谓词常元，F 将 U 的子集作为赋值；

（vi）除了 M，还有变元赋值函数 σ。

由于该语言 L 包括了语用因素，特别是专门设计的模态算子，且该语言的设计采用了"多元协作方法"（multiple co – ordinate approach），使得语义不仅要参照可能世界和时间，也要参照语言使用者的背景知识，所以该文给出了一个能够支持这一方法的可能世界语义学的扩充版本。文章进一步区分了 actual world 和其他 possible worlds，actual world 是指语言交流者在交流的过程中所"栖息"或"占据"的世界，possible worlds 是可能存在的任何延伸世界，而 actual world 只是 possible worlds 中的一个世界。通常，possible worlds 可以表示为 w_p，actual world 可以表示为 w_a，这样，当一个公式涉及模态算子，那么就要考虑某个可能世界 w_p，如果没有模态算子，就可以简单地考虑现实世界 w_a。在对 ground 做进一步的解释前，文章对 ground 和 figure 进行了一些说明，ground 是指"物理环境"（physical surroundings），figure 是被感知的一个对象。进而元语言 L 的模型中的 ground 是任一给定的假定集合，这些假定构成了介绍一个新的表达式或话语时的"认知环境"（cognitive context），且这一假定集合构成了 figure。speaker's ground 是给定的说话者持有的假定集；hearer's ground 是给定的听者心中持有的假定集；common ground 是给定的说话者和听者共同持有的假定集，而这一假定集是需要被交流双方相互证明的。这样，就没有必要单独将 hearer's ground 作为一个可变概念，只要使用 G_c 和 G_s 两个概念即可。根据元语言 L，当一个公式涉及模态算子 $\diamondsuit_{gs}$ 和 $\diamondsuit_{gc}$ 时，只需要考虑某个 $g_s \in G_s$ 或 $g_c \in G_c$。

下面我们尝试借鉴元语言 L 的模型 M，在我们熟悉的模型结构基础上，对上面提到的不定名词的不同解读问题加以说明。前几章中，我们对英语和汉语驴子句的 DRS 在模型中的解释都采用模型 $\mathbf{M} = <U_M,$ $Name_M, Pred_M>$，借鉴元语言 L 的模型 M = <W, I, G, U, <, F> 的语用因素考虑，我们将原有的三元组模型变为 M = < W，G_s，G_c，U_w，$Name_w$，$Pred_w$ > 。这里我们要说明的是，对于一语句，其成真的条件不再是一成不变的，而是相对于交流双方的背景知识而言的。也就说，只要该语句基于双方共同的背景知识而言是一致的，我们就说该语句为真，或者说该语句所包含的信息传递成功。而对于一模型来说，只要一语句在模型所给定的可能世界中基于 G_c 而言可被确认或证实，那么该语句在该模型中可被确认或证实，否则，则不可被确认或证实。

这样一个模型 **M = < W，G_s，G_c，U_w，$Name_w$，$Pred_w$ >**，可做如下解释。

· **W** 为可能世界集合 ｛w_1｝。

· G_s 为说话者背景知识集 ｛驴子都很倔，不打不听话；农夫会打其所拥有的每一头驴子；…｝。

· G_c 为交流双方共同的背景知识集 ｛有驴子的农夫拥有至少一头驴子；农夫都打驴子；…｝。

· U_{w1} 是个体集合 ｛a, b, c, d, e, u, v｝。

· $Name_{w1}$ 是有序对集合 ｛　｝。

· $Pred_{w1}$ 是下述有序对的集合：

（i）有序对 < **有**，有$_{w1}$ >，其中有$_{w1}$是集合 ｛< a, d >，< b, e >，< c, u >，< c, v >｝；

（ii）有序对 < **打**，打$_{w1}$ >，其中打$_{w1}$是集合 ｛< a, d >，< b, e >，< c, u >｝；

（iii）有序对 < **农夫**，农夫$_{w1}$ >，其中农夫$_{w1}$是集合 ｛a, b, c｝；

（iv）有序对 < **驴子**，驴子$_{w1}$ >，其中驴子$_{w1}$是集合 ｛d, e, u, v｝。

那么对于关系句"有驴子的农夫都打驴子"，说话者要求的成真条件是有驴子的农夫打其所拥有的每一头驴子，即与我们在 DRT_c 中给出的该语句的成真条件是一样的，那么根据该语句在模型中的解释，上述模型 **M** 不可确认或证实该语句，因为 < c, v > 不属于打$_{w1}$的集合。但对于听者来说，上述模型则可被确认或证实，因为 G_c 集合中只包含"农夫都打驴子"，而没有包含"农夫会打其所拥有的每一头驴子"，就是说，对于听者来说，并不要求有驴子的农夫打其所拥有的每一头驴子，只要农夫打他的驴子就可以。由于上述模型中的农夫 a、b、c 都有其相对的有序对在集合打$_{w1}$中，所以在听者看来，该模型可确认或证实说话者所说的语句"有驴子的农夫都打驴子"。那么要使得该语句有一致性的解释，就要将说话者的背景知识中的元素"农夫会打其所拥有的每一头驴子"添加到集合 G_c 中，而这一过程可以通过交流双方的下一步信息反馈得到解决。例如在上述模型中，说话者和听话者会得出关于该语句的不同结论，此时，听话者就会将自己的背景知识告知听者，以便听者能够理解说话者要表达的信息内容。这里我们只是非形式化地说明这一信息交流的过程，当然这一过程中还可能涉及更多的信息限制与互动，所以上述说明只是针对具体问题的一个思考。

至于对（127）中两个语句的不同解读，主要可以通过模型中 G_c 集合中的背景知识元素体现出来。例如模型 $\mathbf{M} = <\mathbf{W}, \mathbf{G}_s, \mathbf{G}_c, \mathbf{U}_w,$ $\mathbf{Name}_w, \mathbf{Pred}_w>$，可做如下解释。

· $\mathbf{W}$ 为可能世界集合 $\{w_2\}$。

· $\mathbf{G}_s$ 为说话者背景知识集 $\{$有信用卡的人一般每次用一张卡消费；有信用卡的人会把卡都放在钱包里；…$\}$。

· $\mathbf{G}_c$ 为交流双方共同的背景知识集 $\{$有信用卡的人一般每次用一张卡消费；有信用卡的人会把卡都放在钱包里；…$\}$。

· $\mathbf{U}_{w2}$ 是个体集合 $\{a, b, c, d, e, u, v\}$。

· $\mathbf{Name}_{w2}$ 是有序对集合 $\{\ \}$。

· $\mathbf{Pred}_{w2}$ 是下述有序对的集合：

（i）有序对 $<$**有**，有$_{w2}>$，其中有$_{w2}$是集合 $\{<a, c>, <a, d>, <b, e>, <b, u>, <b, v>\}$；

（ii）有序对 $<$**刷**，刷$_{w2}>$，其中刷$_{w2}$是集合 $\{<a, c>, <b, e>\}$；

（iii）有序对 $<$**放钱包里**，放钱包里$_{w2}>$，其中放钱包里$_{w2}$是集合 $\{<a, d>, <b, e>, <b, u>, <b, v>\}$；

（iv）有序对 $<$**人**，人$_{w2}>$，其中人$_{w2}$是集合 $\{a, b\}$；

（v）有序对 $<$**信用卡**，信用卡$_{w2}>$，其中信用卡$_{w2}$是集合 $\{c, d, e, u, v\}$。

这里为方便起见，我们将刷卡消费这一复杂谓语，简化为谓语"刷"，而将谓语"放钱包里"不再做进一步细化。那么对于交流双方来说，基于 G_c 中"有信用卡的人一般每次用一张卡消费"的背景知识，语句（127a）在上述模型中可被确认或证实；而（127b）则不能被该模型确认或证实，因为基于交流双方共同的背景知识"有信用卡的人会把卡都放在钱包里"，< a，c >应为放钱包里$_{w2}$集合中的元素，而在该模型中 < a，c >并不是放钱包里$_{w2}$集合中的元素。

将原有的三元组模型 M = < U_M，$Name_M$，$Pred_M$ > 变为 M = < W，G_s，G_c，U_w，$Name_w$，$Pred_w$ >，使得一语句的成真条件及概率要求具有相对性，如相对于某个可能世界，相对于交流双方的背景知识，这样，对不同语句中的相同照应语的不同解读的解释也就更直观一些了。

第二节 驴子照应语的复数情况

DRT 给出了复数照应语的一些规则。DRT 认为，复数照应语问题涉及很多单数代词照应语所没有的复杂性，且许多复杂性与复数表达式相关而非代词。DRT 考察了很多名词短语的不同用法，并给出了相应的例句和处理规则。本节我们将就英汉驴子句所涉及的复数照应语情况进行说明。

一 DRT 对复数名词短语的处理

在给出英汉驴子照应语的复数情况的讨论前，我们先简单看看 DRT 中与驴子照应语有关的复数照应语的几个基本的处理方法。首先看"加合法"（summation），如例句"Jones took Anna to Florida. They were happy"，这里"they"所引入的话语所指是在已有 DRS 中出现的某些个体的集合，那么该语句的 DRS 为：

$$
\begin{array}{|l|}
\hline
x \quad y \quad v \quad Z \quad U \\
Jones(x) \\
Anna\ (y) \\
Folrida(v) \\
Z = x \oplus y \\
U = Z \\
U\ were\ happy \\
\hline
\end{array}
$$

其中，小写字母 x、y、z 仍然表示个体对象，即个体话语所指，或原子话语所指；Z 和 U 表示个体的集合，称为"非个体话语所指"（non - individual discourse referents）或"非原子话语所指"（non - atomic discourse referents），U 是由复数名词短语"they"引入的话语所指，Z 是通过应用加合法得到的。再来看看"抽象法"（abstraction），如例句"Jones has found every book which Anna needs. They are on her desk"，第一个小句的 DRS 为：

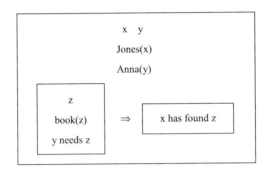

对于第二个小句，先要找到代词"they"的一个先行词。根据可及定义，话语所指 z 对于主 DRS 中的"they"来说是不可及的，而且"they"的所指不应该是一个个体，而应该是一个集合，即一个非原子的话语所指，由于这样的一个话语所指未出现在已有的 DRS 图框中，所以，我们需要一个表示那些 Anna 所需要的书的集合，那么根据抽象法，获得该集合的过程可以表示为：

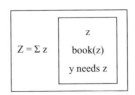

新引入的话语所指 Z 表示由所有满足加合符号 Σ 后面的 DRS 条件的个体 z 所构成的集合。那么将上述图框与第一个小句的 DRS 合并，该语句完整的 DRS 为：

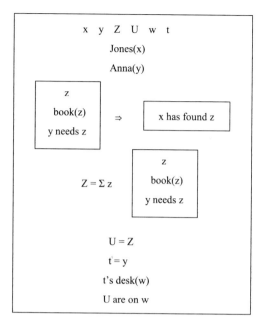

　　上面给出的是复数代词"they"的处理方法，下面看看其他复数名词的情况。例如"The girls cleaned the classroom"，该语句中的"the girls"代表的是一个集合，也就是该名词短语具有"合指意义"（collective reading），相应地要引入一个表示由个体构成的集合的话语所指，可以用一个大写字母表示，那么该语句的DRS为：

$$
\boxed{
\begin{array}{c}
\text{X　y} \\
\text{the girls(X)} \\
\text{the classroom(y)} \\
\text{X cleaned y}
\end{array}
}
$$

谓语除了合指意义外还有"分指意义"（distributive reading），其实我们在第二章中给出的规则 CR. NP［Quant ＝ ＋］中的名词短语即为分指意义，而有的时候一名词短语既可以有合指意义也可以有分指意义。例如"The managers bought a computer they liked"，该语句既可以理解为"这些经理合买了一台他们都喜欢的电脑"，也可以理解为"这些经理每人买了一台电脑"，前者为合指意义，后者为分指意义。两种意义的DRS分别为：

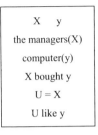

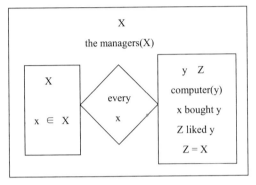

这种既可以理解为分指意义又可以理解为合指意义的复数名词短语，DRT 称之为"可选择的分指"（optional distribution），并给出相应的 DRS 构造规则：

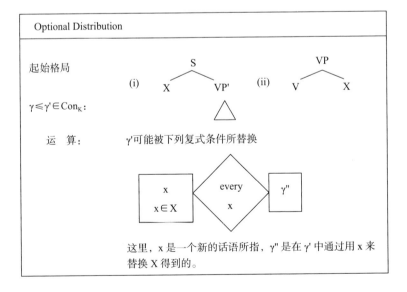

　　还有一类名词短语，没有任何限定词，可以称为"纯复数名词"
（bare plural），DRT 对该类名词的考察主要是从其作为"依赖性复数名
词"（dependent plural）的角度进行的。例如语句"Most students bought
books"，其中的"books"的解释依赖复数名词"students"的解释。在
对"books"进行处理之前，我们先看看"students"的情况。"students"
前面有量词"most"，关于"most"，我们在第二章中简单地涉及过，这里
我们再对一些细节做下说明。在规则 CR. NP ［Quant = +］ 中，我们对 N
的复数情况没多做说明，那么当 N 为复数，即数的特征值为"Num = plur"
时，我们对其所引入的话语所指添加上标"pl"，这样，方便有需要的时
候，作为后面语句中与其相照应的复数照应语的话语所指。那么我们再
回头看语句"Most students bought books"，先对"students"进行处
理，得：

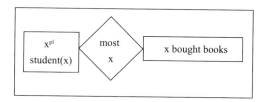

DRT 对依赖性复数名词的处理规则为：

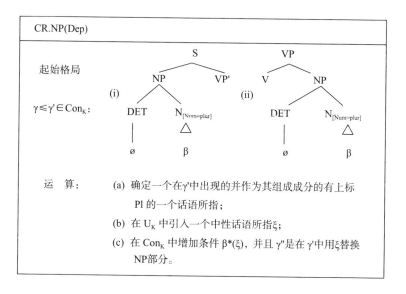

上面给出的规则在 DRT 中是"priliminary"，由于其考虑了多个复数名词出现的情况，所以在该规则基础上给出了多个依赖性复数名词同时出现的处理规则，由于这里我们不涉及那么复杂的情况，所以我们仅使用这一初始规则。

在这一规则下，语句"Most students bought books"的 DRS 为：

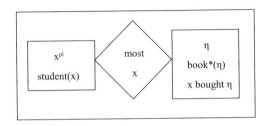

语句"Most students who bought books were happy"的 DRS 为：

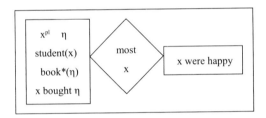

DRT 对复数名词短语给出了系统的语义解释，由于其关注的情况不都在我们的考虑范围内，所以我们不对所有的涉及复数名词的语句的 DRS 进行语义解释。下面在考虑与英汉驴子句相关的驴子复数照应语时，我们尝试着给出非形式化的解释和说明。

二　英语驴子照应语的复数情况

英语驴子句涉及的复数照应语情况，我们主要关注下面几个句子：

（128）a. Every farmer who owns donkeys beats them.

　　　　b. Farmers who own donkeys beat them.

　　　　c. Most farmers who own donkeys beat them.

　　　　d. If a farmer owns donkeys, he beats them.

　　　　e. If farmers own donkeys, they beat them.

DRT 对复数照应语的处理是直接从 DRS 开始的，虽然 DRT 没有涉及上面三个语句的复数情况，但我们前面提到过，由复数名词短语引入的"非个体话语所指"或"非原子话语所指"，可用大写英文字母来表示，表示该名称短语具有合指意义；当复数名称短语具有分指意义时，可引入加上标的个体的话语所指。那么根据已有的 DRS 构造规则，我们从直观上尝试给出语句（128a）可能的两种 DRS：

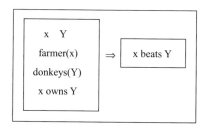

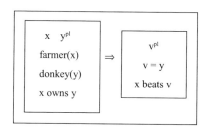

上面我们提到的"加合法"和"抽象法"都是对个体话语所指进行"加合"和"抽象"，而本句中的"them"的先行词"donkeys"由于不是单数形式，所以，在第一个 DRS 语义框中我们可以直接引入非个体话语所指 Y，表合指意义，而第二个 DRS 语义框中我们将"donkeys"视为分指谓词，相应的"them"也做同样处理。两个语义框表现形式不同，但具有相同的语义解释。

语句（128b）中的"farmers"虽然为复数，但不是合指谓词，与语句"The girls cleaned the classroom"中的"the girls"不同，"the girls"表示合指谓词，表示的是其所代表的整体打扫了教室，而"farmers"则不表示农夫这一整体，而是说每个有驴子的农夫都打它们，这样，名词"farmers"就为"分指读法"，而"donkeys"同样可以有合指读法和分指读法，相应的代词"them"也做相应处理。那么语句可能的 DRS 分别为：

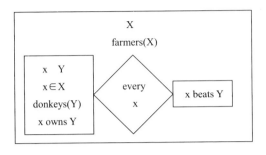

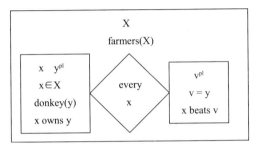

　　语句（128c）中的"farmers"的复数形式是因为前面的广义量词"most"，其 DRS 也表现为一个复式结构，如第二章中提到的那样，"donkeys"同样可以有合指、分指两种读法，相应的代词"them"也做相应处理。那么该语句的 DRS 可能分别为：

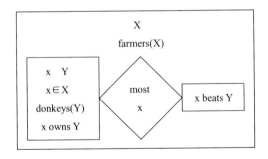

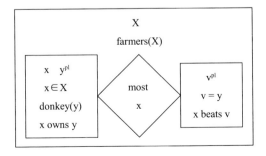

这里我们还要进一步说明一下，（128c）与上面的 CR. NP（Dep）规则给出的示例"Most students who bought books were happy"比较相像，但（128c）比该语句更复杂一些，语句谓语中出现了与所谓的依赖性名词"donkeys"相照应的代词"them"。这里貌似出现了多个名词短语相依赖的情形，即"donkeys"依赖"farmers"，而"them"又依赖"donkeys"。DRT 给出了一个多复数名词短语相依赖的处理规则，但就上述我们给出的驴子句的成真条件而言，照应语"them"的话语所指要与"donkeys"的话语所指一致，所以，我们暂且给出上面那样的 DRS。当然，这里的"donkeys"也可以引入一个表中立的话语所指，但考虑后面有照应语"them"，所以就不对"donkeys"做这样的处理。而涉及汉语的情况时就要考虑这种解释了。

那么有了上述 DRS 语义框，我们先来看这三个语句的成真条件。先看（128a）和（128b），不论对"donkeys"做哪种意义的解释，两个语句的成真条件都要求每个有驴子的农夫抽打其所拥有的所有驴子。很多人也会觉得该条件过强。一般地，只要农夫抽打其所拥有的驴子，不管抽打其中的几头，该语句都可以为真，也就是说"them"可以是"donkeys"所表示的集合的子集。那么对于语句在信息交流中的成真条件，或是该语句所包含的确切的信息内容，我们同样可以将语句放入信息交流的过程中，相应地在经改动的三元组模型的 G_c 集合中对相关信息进行限制。而对于（128c），由于涉及量词"most"，所以要考虑 $|A \cap B| > |A \setminus B|$ 这一条件，而且对于交流双方来说，其对该语句的成真条件要求也不一样，对于不同的要求，我们要通过在不同模型中给出不同限制来实现交流双方对相关信息的一致性理解。

最后我们来看语句（128d）和（128e），这两个语句为英语条件句驴子句的不同复数情况。先看（128d）"If a farmer owns donkeys, he beats them"，如果我们同样将"donkeys"视为一个个体的集合，那么就引入一个非个体话语所指，尝试给出的该语句 DRS 为：

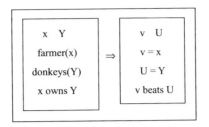

若将"donkeys"视为分指谓词，就引入加上标的个体话语所指，那么其照应语"them"也做同样的处理，此时的 DRS 为：

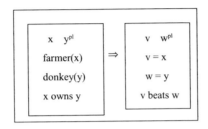

再来看（128e）"If farmers own donkeys, they beat them"，这里的"farmers"同样不是作为合指谓词来指农夫这个整体，而是作为分指谓词来解读的，那么由于"donkeys"可以进行合指解读也可以进行分指解读，所以两种解读下的 DRS 分别为：

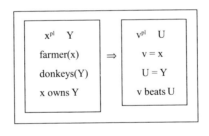

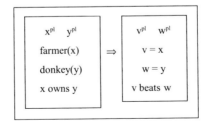

从 DRS 语义框中来看，（128d）和（128e）的成真条件也是有驴子

的农夫抽打其所拥有的每一头驴子。那么同样，对语句的成真条件，不同的人有不同的观点，对于不同的成真条件我们也是通过模型中交流双方的背景知识来获得对语句所含信息的一致性理解。

三　汉语驴子照应语的复数情况

对于汉语驴子句中的复数照应语情况，我们考虑下面几个语句：

> （129）a. 如果农夫们有驴子，他们就会打它。
>
> 　　　b. 如果农夫有驴子，他们就会打它们。
>
> 　　　c. 有驴子的农夫（们）都打驴子。

其中，前两个语句为条件句驴子句的复数照应语情况，后一个语句为关系句驴子句的情况。汉语驴子句中涉及的复数名词短语有三种形式：可以是"N＋们"，可以是"N"，还可以为复数代词"他们"或"它们"。其中的"N"由于没有明显的复数形式，所以其引入的话语所指可以为个体话语所指，而作为复数名词时，用法与另两种形式的复数名词短语一样可以有不同解读。

语句（129a）中可能的复数名词短语有"农夫们""他们""驴子"。这里"农夫们"并不表示"农夫"这个整体，所以不具有合指意义，而具有分指意义；"他们"作为其照应语，处理方式也随之相同；语句中的"驴子"由于其后面的照应语为单数，所以可以去掉该名词引入的话语所指的上标。那么我们尝试给出语句（129a）的 DRS_c：

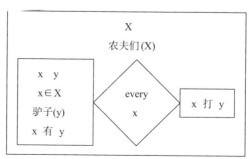

由给出的 DRS_c 图框可以看出，该语句成真的条件也是有驴子的农夫抽打其所拥有的每一头驴子。下面我们来看（129b）"如果农夫有驴子，他们就会打它们"，其中可能的复数名词短语为"农夫""驴子""他们""它们"。这里"农夫"同样不表示"农夫"这一整体，所以仍然具有分指意义，其照应语"他们"也做同样处理；这里的名词"驴子"，既可以表示某一农夫所拥有的所有驴子的整体，即具有合指意义，也可以表示分指意义，而在不同意义下，其照应语"它们"也相应地做相同的处理。那么我们尝试给出这两种情况下的 DRS_c：

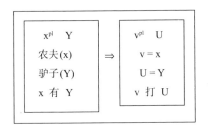 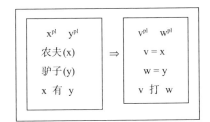

最后我们来看语句（129c）"有驴子的农夫（们）都打驴子"，虽然"农夫"可以如我们第四章中的处理方式，但这里我们将其作为复数名词来考察，那么我们将"农夫"与"农夫们"做相同处理，当然它们在句中也均为分指谓词，即不表示"农夫"这一整体概念；该语句中的第二个"驴子"是第一个"驴子"的同语素照应语，其处理方法会对照第一个"驴子"的处理方法，而第一个名词"驴子"既可以表示单数，也可以表示复数，这里我们先考虑复数的情况。"驴子"作为复数名词短语，既可以是合指谓词也可以是分指谓词，那么我们尝试给出两种情况下的 DRS_c：

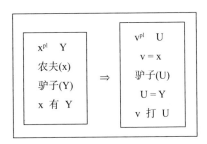

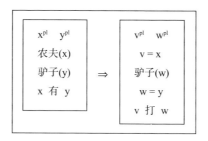

由于有一头驴子和有多头驴子都可以称为"有驴子",并且打一头驴子和打多头驴子也都叫作"打驴子",那么借鉴 CR. NP(Dep)规则的思想,这里我们可以用一个表示中立的话语所指来表示第一个名词"驴子",而第二个"驴子"仍然为其照应语,所引入的话语所指也与其相照应,那么这一方式处理下的该语句的 DRS_c,我们尝试给出为:

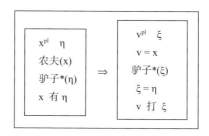

驴子[*](η)表示 η 可以是单数也可以是复数,第二个名词"驴子"也相应地与 η 保持数的一致,该语句的成真条件也是有驴子的农夫抽打其所拥有的每一头驴子。但是在这样一种情况下——"有十个农夫,每个农夫都有十头驴子,其中有两个农夫抽打其所拥有的所有驴子,而另外八个农夫都只抽打其所拥有的某些驴子",人们一般会认为语句"有驴子的农大都打驴子"为真,那么在对两个"驴子"都做复数形式处理时,该语句的 DRS 可表示为:

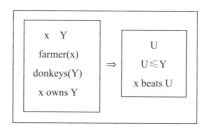

由于汉语通名没有数的变化，所以在给出语句"有驴子的农夫都打驴子"时，听者会对该语句有不同的分析和解释，而这一理解会体现在给定一模型中该语句的成真条件判断，既然对一语句不能马上给出一个确定性的解释，那么还是应该将语句放到信息交流或交换的过程中去获得交流双方能共享的信息。

至于汉语驴子句省略情况的复数照应语问题，其省略的部分所引入的话语所指要与其照应语的话语所指在数上保持一致。这里我们就不再举例说明了。

第三节　不同汉语驴子句句型的真值条件再考察

基于 DRT 的基本思想，条件句驴子句和关系句驴子句的真值条件为：

$$\forall xy((农夫(x)\,\&\,驴子(y)\,\&\,有(x,y))\rightarrow打(x,y))$$

即要求每个农夫都抽打其所拥有的每一头驴子。而正如第二节中我们提到的，有人会对这一成真条件提出异议，认为该条件要求过强，只要农夫抽打其所拥有的某些驴子，该语句就可以为真。本节中我们将在此基础上，针对驴子句中"驴子"可以有的不同真值来看不同句型的成真条件。而对语句真值条件的考察，我们将其置入信息交流的过程中来进行。

一　条件句和关系句的真值条件

先以条件句驴子句"如果农夫有驴子，他就会打驴子"为例来说明。假如该语句是在 A、B 两个人的交流中所使用到的语句，且该语句为 A 向 B 传达的信息，当 A 说出该语句时，B 也会反对，原因是隔壁的张三就有头驴子，但他从来不打驴子，而针对 B 的反对，A 会解释说，我说的意思是通常情况下，因为驴子都很倔不听话，所以一般农夫有驴子的都会打驴子。这里，对 A 来说，该语句的成真条件类似于类指隐性语句的成真条件，即通常情况下农夫有驴子的都打驴子，且这种情况相当普遍，例外的很少，所以 A 仍然认为可以用该语句来表达其所要表达的信息；而对 B 来说，该语句成真的条件是每个农夫有驴子且都打驴子，没有不打驴子的农夫。另外，B 反对的理由也可以是，张三有三头驴子，他就打其中的一头，另外两头他从来不打，此时 B 对 A 所陈述的语句成真条件就同 DRT 对该语句的处理一样，要求每个农夫抽打其所拥有的每一头驴子，且没有例外。而 A 对 B 的这一反驳就会解释说，张三打其中的一头驴子也叫"打驴子"，驴子一般都很倔，不听话，但也有例外的情况，也就是说，A 认为该语句的成真条件是农夫抽打其所拥有的驴子就可以，不管是某些还是全部，都符合语义。也就是说，在日常的会话交流过程中，一语句的成真条件可能会因人而异，而这种差异导致的信息不对称将在进一步的交流过程中得到统一。

再来看关系句的情况。关系句"有驴子的农夫都打驴子"同样会遇到上面我们所谈到的情况，这里就不再谈论了。我们来看看关系句中有明显全称量词的语句的其他例句情况。例如"有卡的都刷卡消费"，该语句的情况我们在前文中提到过，该语句的成真条件主要依赖交流双方的共同背景知识，即一般一个人每次都用一张卡消费，除非卡中余额不够支付该次消费。那么再看语句"买机票的都要凭身份证购买"，该语句的真值条件是所有买机票的都要凭身份证购买，并且无一例外；而语句"有孩子的都宠孩子"的成真条件就不必要求那么强，对于交流双方来说，可能会出现我们对语句"如果农夫有驴子，他就会打驴子"分析的那些情况。那么同为含有明显全称量词的语句，"买机票的都要凭身份证购买"和"有孩子的都宠孩子"所要求的真值条件就不同，前者要求无一例外，即概率要求为 1；而后者则可以有例外，概率要求至少大于 0.5。

为什么同为全称语句，而真值条件不同呢？观察两个语句，我们发现它们所关注的信息的性质不同。前者为规章制度，具有统一性，要求所有买机票的人都要凭身份证购买，否则就买不到机票；后者是对日常现象的一种归纳和概括，所以不具有必然性，真值条件当然就不必要求所有的情况都是如此，而允许有例外。另外，我们在用类似句型表达对世界的认识时同样存在这种情况。由于人类对世界的某些真理性的认识具有时效性，随着人类对世界认识的加深，原有的一些知识会遭遇扩充或变更，所以说，一样的句型表达，对其所包含的信息的成真条件要求可以是不同的。当然，我们不是说所有的表归纳和概括的全称语句都如此。如果归纳和概括是对有限集合中的所有对象的考察而得出的信息，那么包含该信息的全称语句概率就为 1。

二　类指隐性语句的真值条件

一般认为没有明显条件句语素和全称量词语素的语句中含有一个隐性的量词 Gen，其概率要求相当于副词 usually。我们在 DRT 中将该类型的语句用含有量词 most 的规则来处理，要求概率大于 0.5 即可。例如"有驴子的农夫打驴子"，在 DRT_c 中的解释为，打驴子的农夫数量占到有驴子的农夫数量的一半以上即可。这里同样涉及打"驴子"的数量问题，是打某些驴子即可为"打驴子"还是打其所拥有的每一头驴子才叫"打驴子"。在这个问题上，我们同样可以将语句置入双方的交流过程中去得到统一的解释。我们这里主要关注类指隐性语句可能的其他真值条件。例如语句"员工迟到的罚款"，作为一项规章制度，该语句虽然没有明显的条件句或全称量词语素，但该语句的真值条件是所有迟到的员工都罚款，没有例外，概率要求为 1。这样看来，并不是所有类指隐性语句的概率要求都一样，还是要看语句所表述的信息的性质，如同我们对含有全称量词的关系句所解释的情况那样。表示法规法令的，要人人遵守的信息语句，不论表现形式如何，都不允许有例外；而其他表现日常现象的归纳概括或是对世界知识的概括总结的信息语句，都有可能要求概率为 1，也有可能大于 0.5 即可。

三　小结

上述现象表明，在日常生活中，语句的句法形式并不是决定该语句真值条件的唯一因素，还要根据该语句所承载的信息的性质及交流双方的背景知识来确定。语言是信息传递和交流的工具，语句作为信息的载体，最重要的作用是让交流双方对该语句所承载的信息有统一的理解。基于自然语言表意的丰富性，为准确地实现信息的传递和有效沟通，信息的发出者会尽可能地用一种能够明确表达这一信息的语句来表达，而在不能完全实现这一目标的时候，还可以通过交流双方的信息互动和反馈来逐步实现这一目标。那么作为承载信息的语句，既可以是信息发出者想要表达的信息载体——如演讲稿、广告标语中的语句，也可以是信息接收者主动想要获取的信息载体——如其所查阅的各种文献资料中出现的语句，还可以是信息的发出者和接收者同时出现的一对一的交流对话中的语句。从信息表达者的角度来看，为了使自己所表达的信息被可能的信息接收者接收到，他会尽量交代清楚背景信息并让自己的表达简单明了，如果他认为自己所使用的某个语句会使接收者产生不解和困惑，他会用后文的语句对其进行解释说明或者举例示意。而第二种情况中的信息接收者，如果遇到不解的语句，一般情况下他会搁置疑问继续前行，并寻找可能的释义内容。而在第三种情况下，由于信息表达者和接收者有互动，不解的语句会被及时提出，待弄清楚后双方的交流才会继续。信息流通是一个信息的发出、接收、反馈、修正的循环过程，当然有的信息流通只有其中的几个环节。因此，基于信息流通的自然语言语义理论所处理的语句如果是完整语篇中的部分语句，那么所涉及的意义问题一般会在完整的语篇中被消解。所以作为自然语言信息处理的形式化理论，都有必要将更多的影响语句语义的因素囊括到理论框架中，以更好地完成对自然语言语义的形式化处理。

第六章 结语

本书以传统语义理论处理照应关系中的一类问题性照应语——驴子照应语（驴子句）为切入点，尝试在 DRT 框架下对汉语驴子句进行分析和解释。

本研究从 DRT 对英语驴子句的处理开始，考察 DRT 对这一语言现象处理的基本思想和框架；在学界已有研究的基础上，归纳总结出三大类汉语驴子句句型，即汉语条件句驴子句、关系句驴子句、类指隐性驴子句；针对汉语驴子句所涉及的特殊句法现象对 DRT 的句法规则进行了改造，进而对 DRS 构造规则及其在模型中的解释也进行了必要的补充和改动，在给出的基于 DRT 框架的 DRT_C 中，尝试对给出的驴子句句型进行处理和解释，并在此基础上对驴子句所涉及的其他问题进行了尝试性的探讨和研究。本研究在用 DRT 处理汉语驴子句方面做了以下工作。

第一，考察驴子句的基本特征，在了解处理驴子句相关的理论与方法的同时关注 DRT 处理问题的基本思想和理论框架。驴子句作为自然语言中的一类语言现象，是对以蒙太格语法为首的形式语义理论的一个重要挑战，即不定冠词"a/an"的理解不能总为一个存在量词，因为更自然的驴子句理解要求将不定冠词"a/an"视为全称量词。这一现象在驴子句中体现为语法上无法约束某一变元的量词在语义上却要约束该变元。为了解决这一问题，学者们纷纷给出了各自的理论和处理方法，并对驴子句的真值条件做出不同的规定和判断。这里，本研究借鉴 DRT 对英语驴子句的处理来处理汉语驴子句。

第二，针对英语驴子句现象的本质特征，我们在国内汉语驴子句相关研究的基础上尝试将汉语驴子句的类型归纳为三大类，即条件句驴子句、关系句驴子句、类指隐性驴子句，并将三类驴子句的省略情况也作为一类现象进行研究。其中条件句主要表现为有明显条件句语素"如果…就（会）"的语句；关系句驴子句主要是有明显全称量词语素"每个"、"都"的包含"的"字结构的语句；类指隐性驴子句主要是没有明显条件句语素及全称量词但具有隐性量词 Gen 的包含"的"字结构的语句；而驴子句的省略情况是基于汉语的句法特征，对三类驴子句中名词短语的可能省略情形进行的概括。这样我们给出了所要处理的汉语驴子句，现重复如下：

> （123）a. 如果一农夫有驴子，他／［e］就会打它／［e］。
>
> 　　　　b. 如果农夫有驴子，农夫／他／［e］就会打驴子／它／［e］。
>
> 　　　　c. 如果谁有驴子，谁／他／［e］就会打驴子／它／［e］。
>
> 　　　　d. 农夫有驴子的都打［e］。
>
> 　　　　e. 有驴子的都打［e］。
>
> 　　　　f. 谁有驴子，谁／他／［e］都会打驴子／它／［e］。
>
> 　　　　g. 个人（自己）有驴子，个人（自己）打［e］。
>
> 　　　　h. 谁有驴子，谁打驴子／［e］。

其中（123a、123b、123c）为条件句驴子句的可能情况，（123d、123e、123f）为关系句驴子句的可能情况，（123g、123h）为类指隐性驴子句的可能情况。

　　第三，基于 DRT 框架，针对汉语驴子句所涉及的汉语句法现象对 DRT 的句法规则进行了补充，如增加了 NP→wh、NP→N 等，并对 DRS 构造规则也进行了补充，如增加了 CR. ID（E）［一（＋单位词）＋名词］、CR. ID（A）［一（＋单位词）＋名词］、CR. ID［wh—谁］等，由于增加了对类指隐性语句的考察，我们在 DRS 在模型中的解释中也增加了该类型语句可确认或可证实的定义。在上述基于 DRT 框架的能够包括汉语驴子句句法现象的 DRT$_C$ 中，我们尝试对四类汉语驴子句句型进行了处理和说明。

　　第四，通过对英汉驴子句在 DRT 框架下的考察，我们还关注了与驴子句现象相关的其他问题，例如对具有驴子句句型的语句中不定名词短语的不同解释导致的驴子照应语的读法问题、驴子照应语的复数问题、与不定名词有关的真值条件问题、不同驴子句句型的真值条件与概率要求问题等。这些问题反映了自然语言语义的丰富性和多变性，而语句作为信息的载体，其所承载的内容可以在信息交流的过程中，通过交流双方的背景知识及彼此间信息的互动和反馈来实现对这一信息的统一理解，从而实现信息的有效传递。所以我们尝试将语句的确定性语义解释置于信息交流的过程中，尝试对 DRT 已有的模型进行扩充。借鉴 Jiang、Pan、Zou 给出的元语言 L 的模型 $M = <W, I, G, U, F>$，我们将信息交流双方的背景知识置于该模型的结构中，将其扩充为 $M = <W, GS, G, U_w, Name_w, Pred_w>$，其中 GS 为给定的说话者持有的假定集，G 为给定的说话者和听者共同持有的假定集，而这一假定集是需要被交流双方相互证明的。这样，对于一语句而言，其成真的条件不再是一成不变的，而是相对于交流双方的背景知识而言的；而对于一模型来说，只要一语句在模型所给定的可能世界中是基于 G。而言可被确认或证实，那么该语句在该模型中可被确认或证实。一语句若基于双方共同的背景知识而言是一致的，那么我们就说该语句为真，其所包含的信息传递成功。

另外，从作为信息载体的语句可能被使用的几种途径（可以是信息发出者想要表达的信息载体——如演讲稿、广告标语中的语句，可以是信息接收者主动想要获取的信息载体——如其所查阅的各种文献资料中出现的语句，还可以是信息的发出者和接收者同时出现的交流对话中的语句）出发，对一语句所承载信息的有效传递性进行评价，应将其置于信息流通的发出、接收、反馈、修正的循环过程中。作为自然语言信息处理的形式化理论，有必要将更多的影响语句语义的因素囊括到理论框架中，以更好地完成对自然语言语义的形式化处理。

参考文献

一 中文专著类

陈平，1991，《现代语言学研究：理论、方法与事实》，重庆出版社。

高原，2003，《照应词的认知分析》，外语教学与研究出版社。

黎锦熙，2001，《新著国语文法》，科学出版社。

吕叔湘，1980，《现代汉语八百词》，商务印书馆。

王力，1985，《中国现代语法》，商务印书馆。

徐国庆，1999，《现代汉语词汇系统论》，商务印书馆。

邹崇理，1995，《逻辑、语言和蒙太格语法》，社会科学文献出版社。

邹崇理，2000，《自然语言逻辑研究》，北京大学出版社。

邹崇理，2002，《逻辑、语言和信息——逻辑语法研究》，人民出版社。

朱德熙，1982，《语法讲义》，商务印书馆。

二 外文专著类

Asher, N. and Wang, L. . 2003. "Ambiguity and Anaphora with Plurals in Discourse." In *Proceedings of SALT XIII*, edited by R. Young & Y. Zhou, pp. 19 – 36. Ithaca：CLC Publications.

Barwise, J. &Perry, J. 1983. *Situations and Attitudes*. Mass：MIT Press.

Chierchia, Gennaro. 1995. *Dynamics of Meaning：Anaphora, Presupposition, and the Theory of Grammar*. Chicago：The University of Chicago Press.

Chierchia, Gennaro. 2001. "A Puzzle about Indefinites." In *Semantic Interfaces：Reference, Anaphora and Aspect*, edited by C. Cecchetto, G. Chierchia & M. T. Guasti, pp. 51 – 89. Stanford：CSLI Publications.

Cohen, A. . 1999. *Think Generic：The Meaning and Use of Generic Sentences*. Stanford: CSLI Publications.

Cooper, R.. 1979. "The Interpretation of Pronouns. " In *The Nature of Syntactic Representations*, *Syntax and Semantics*, edited by F. Henry & H. Schnelle. New York: Academic Press.

Elbourne, Paul. 2001. "On the Semantics of Pronouns and Definite Articles. " In *Proceedings of WCCFL* 20, edited by K. Megerdoomian and L. A. Barel, pp. 164 – 177. Mass: Cascadilla Press.

Geach, P. T.. 1962. *Reference and Generality.* NY: Cornell University Press.

Geurts, B.. 1999. *Presuppositions and Pronouns, Current Research in the Semantics/PragmaticsInterface* (Vol. 3). London: Elsevier.

Gupta, A. K.. 1980. *The Logic of Common Nouns.* New Haven: Yale University Press.

Grice, P.. 1989. *Studies in the Way of Words.* MA: Harvard University Press.

Groenendijk, J. and Stokhof, M.. 1991. *Dynamic Predicate Logic. Linguistics and Philosophy* .

Heim, I.. 1983. "File Change Semantics and the Familiarity Theory of Dfiniteness. " In R., Bauerle. and R, Schwarze. & von, Stechow, *Meaniong, Use and Interpretation of Language*, pp. 164 – 189. Berlin: Walter de Gruyter.

Heim, I. & Krazter. 1998. *Semantics in Generative Grammar.* Massachusetts: Blackwell.

Jiang, Y. & Pan, Haihua & Zou, C.. 1997. "On the Semantic Content of Noun Phrases. " In Xu. L. – J, *The Referential Properties of Chinese Noun Phrases*, pp. 3 – 24. Paris: Ecole Des Hautes en Sciences Sociales.

Kamp, Hans & Genabith, J. & Uwe Reyle. 2011. "Discourse Rrepresentation Theory. " *Handbook of Philosophical Logic*, 2nd Edition, pp. 125 – 394. Germany: Springer.

Kamp, Hans & Reyle, Uwe. 1993. *From Discourse to Logic*: *Introduction to Model-theoretic Semantics of Natural Language*, *Formal Logic and Discourse Representation Theory.* Dordrecht: Kluwer.

Kamp, H.. 2001. "The Importance of Presupposition." In *Liguistic Form and Its Computation*, edited by Christian Rohrer, Antje Rossdeutscher, Hans Kamp. Standord: CSLI-Publications.

Karen, Van Hoek. 1997. *Anaphora and Conceptual Structure*. Chicago: University of Chicago Press.

King, Jeffrey C.. 2001. *Complex Demonstratives: A Quantificational Account*. Cambridge: MIT Press.

King, Jeffrey C.. 2004. "Context Dependent Quantifiers and Donkey Anaphora." In *Supplement to Canadian Journal of Philosophy*, edited by M. Ezcurdia, R. Stainton and C. Viger, pp. 97 – 127. Canada: University of Calgary Press.

Kratzer, Angelika. 1989. "Individual-level vs. Stage-level Predicates." Papers on Quantification, University of Massachusetts, Amherst.

Krifka, M.. 1996. "Pragmatic Strengthening in Plural Predications and Donkey Sentences." In *Proceedings from SALT VI*, edited by T. Galloway & J. Spence, pp. 136 – 153. Ithaca: CLC Publications.

Krifka, M. & Pelletier, F. & Carlson, G. & Meulen, A. & Link, G. & Chierchia, G.. 1995. "Genericity: An introduction." In Carlson, G. & Pelletier, F, *The generic book*. Chicago: The University of Chicago Press.

Larson, Richard and Segal, Gabriel. 1995. *Knowledge of Meaning*. Cambridge: MIT Press.

Lawler, J.. 1973. *Studies in English Generics*. Ann Arbor: University of Michigan Press.

Lewis, D.. 1975. "Adverbs of Quantification." In Edward Keenan, *Formal Semantics of Natural Language*, pp. 3 – 15. Cambridge: Cambridge University Press.

Nagel, E.. 1961. *The Structure of Science; Problems in the Logic of Scientific Explanation*. New York: Harcourt, Brace & World.

Neale, Stephen. 1990. *Descriptions*. MIT Press.

Platteau, F.. 1980. "Definite and Indefinite Generics." In J. van der Auw-

era, *Semantics of Determiners*. London: Croom Helm.

Putnam, H. . 1970. "Is Semantic Possible?" In H. E. Kiefer & M. k. Munitz, *Language*, *Belief and Metaphysics*. New York: State University of New York Press.

Putnam, H. . 1975. "The Meaning of Meaning." In K. Gunderson, *Language*, *Mind and Knowledge*. Minneapolis: University of Minnesota Press.

Safir, Ken. 1985. *Synractic Chains*. Cambridge: Cambridge University Press.

Thrane, T. . 1980. *Referential – semantic Analysis*: *Aspects of A Theory of Linguistics*. Cambridge: Cambridge University Press.

Van Benthem & ter Meulen. 1985. *Generalized Quantifiers in Natural Language*. GRASS Series 4. Dordrecht: Foris.

Van Eijck, Jan and Kamp, Hans. 1997. "Representing Discourse in Context." In *Handbook of Logic and Language*, edited by van Benthem, ter Meulen. Cambridge: The MIT Press.

Williamson, T. . 2000. *Knowledge and Its Limits*. Oxford: Oxford University Press.

三 中文期刊类

谌志群、周昌乐、郑洪，1998，《汉语语篇中人称指代消歧研究》，《江西师范大学学报》（自然科学版）增刊。

高顺全，2004，《试论汉语通指的表达方式》，《语言教学与研究》第3期。

高彦梅，2003，《代词衔接功能的认知研究》，《外语学刊》第1期。

胡松柏，1998，《现代汉语疑问代词叠用式》，《厦门大学学报》（哲学社会科学版）第1期。

廖秋忠，1986，《现代汉语篇章中指同的表达》，《中国语文》第2期。

刘礼进，1997，《英汉人称代词回指和预指比较研究》，《外国语（上海外国语大学学报)》第6期。

刘礼进，2003，《英汉第三人称代词后照应的几个问题——与赵宏、邵志洪先生商榷》，《外国语言文学》第1期。

刘新文，2002，《系统 z 的量化扩张及其对话语表现理论的处理》，博士学位论文，中国社会科学院。

吕叔湘，1992，《试论含有同一"一 N"两次出现前后呼应的句子的语义类型》，《中国语文》第 4 期。

马彦华、王能忠、许敏，1998，《汉语中人称代词指代问题研究》，《中文信息处理国际会议论文集》，清华大学出版社。

潘海华，1996，《篇章表述理论概说》，《国外语言学》第 3 期。

秦洪武，2001，《第三人称代词在深层回指中的应用分析》，《当代语言学》第 1 期。

邵敬敏、赵秀凤，1989，《"什么"非疑问用法研究》，《语言教学与研究》第 1 期。

石毓智，1997，《指示代词回指的两种语序及其功能》，《汉语学习》第 6 期。

王灿龙，1999，《现代汉语照应系统研究》，博士学位论文，中国社会科学院。

王灿龙，2000，《人称代词"他"的照应功能研究》，《中国语文》第 3 期。

王广成，2005，《三分结构与两种条件句式》，北京语言大学报告。

王晓斌、周昌乐，2004，《基于语篇表述理论的汉语人称代词的消解研究》，《厦门大学学报》（自然科学版）第 1 期。

王欣，2007，《关于驴子句的几点疑问与思考》，《语文学刊》（高教外文版）第 2 期。

王志，1998，《篇章代词"它"用法探析》，《世界汉语教学》第 3 期。

温宾利，1997，《英语的"驴句"与汉语的"什么…什么句"》，《现代外语》第 3 期。

温宾利，1998，《"什么…什么句"：一种关系结构》，《现代外语》第 4 期。

文卫平，2006，《英汉驴子句研究》，博士学位论文，北京语言大学。

许余龙，2002，《语篇回指的认知语言学探索》，《外国语（上海外国语大学学报)》第 1 期。

许余龙，2003，《语篇回指的认知语言学研究与验证》，《外国语（上海外国语大学学报）》第 2 期。

杨彩梅，2003，《"Dep 结构"的 λ 提取与可追踪性原则》，《现代外语》第 3 期。

杨若东，1997，《认知推理与语篇回指代词指代的确定——兼论形式解决方法之不足》，《外国语（上海外国语大学学报）》第 2 期。

于细良，1965，《疑问代词的任指用法》，《中国语文》第 1 期。

张威、周昌乐，2002，《汉语语篇理解中元指代消解初步》，《软件学报》第 3 期。

赵虹、邵志清，2002，《英汉第三人称代词语篇照应功能对比研究》，《外语教学与研究》第 3 期。

邹崇理，1998，《话语表现理论述评》，《当代语言学》第 4 期。

邹崇理，2003，《刻画量化结构及其推理的汉语部分语句系统》，《西南师范大学学报》（人文社科版）第 3 期。

邹崇理、李可胜，2009，《逻辑和语言研究的交叉互动》，《西南大学学报》（社会科学版）第 3 期。

四　外文期刊类

Abbott, Barabara. 2002. "Donkey Demonstratives." *Natural Language Semantics* 10: 285 – 298.

Abusch, D.. 1994. "The Scope of Indefinites." *Natural Language Semantics* 2: 83 – 135.

Barker, C.. 1996. "Presuppositions for Proportional Quantifiers." *Natural Language Semantics* 4: 237 – 259.

Barker, S. J.. 1997. "E-type Pronouns, DRT, Dynamic Semantics and the Quantifier/Variable-Binding Model." *Linguistics and Philosophy* 20: 195 – 228.

Barwise, Jon & Cooper, Robin. 1981. "Generalized Quantifiers and Natural Language." *Linguistics and Philosophy* 4: 159 – 219.

Brasoveanu, Adrian. 2008. "Donkey Pluralities: Plural Information States

Versus Non-atomic Individuals. " *Linguist and Philos* 31: 129 – 209.

Burge, Tyler. 1974. "Demonstrative Constructions, Reference, and Truth. " *Journal of Philosophy* 71: 205 – 223.

Cheng, Lisa L. -S & Huang, C-T. James. 1996. "Two Types of Donkey Sentences. " *Natural Language Semantics* 4: 121 – 163.

Cheng, Lisa L. -S. . 1991. "On the Typology of Wh-questions. " dissertation, MIT.

Cheng, Lisa L. -S. & Huang, C. -T. James. 1996. "Two Types of Donkey Sentences. " *Natural Language Semantics* 4: 121 – 163.

Chierchia, G. . 1992. "Anaphora and Dynamic Binding. " *Linguistics and Philosophy* 15: 11 – 183.

Chierchia, G. . 2009. "Chinese Conditional and the Theory of Conditionals. " *Journal of East Asian Linguistics* 1: 1 – 54.

Declerk, R. . 1986. "The Manifold Interpretation of Generic Sentences. " *Lingua* 68: 149 – 188.

Declerk, R. . 1991. "The Origins of Genericity. " *Linguistics* 29: 79 – 101.

Donnellan, Keith S. . 1966. "Reference and Definite Descriptions. " *Philosophical Review* 77: 281 – 304.

Elbourne, Paul. 2001. "E-type Anaphora as NP-Deletion. " *Natural Language Semantics* 9: 241 – 288.

Elworthy, D. . 1995. "A Theory of Anaphoric Information. " *Linguistics and Philosophy* 18: 297 – 332.

Evans, Gareth. 1977. "Pronouns, Quantifiers and Relative Clauses " *Canadian Journal of Philosophy* 3: 467 – 536.

Evans, G. . 1980. "Pronouns. " *Linguistic Inquiry* 11: 337 – 362.

Geurts, Bart. 2002. "Donkey Business. " *Linguisticss and Philosophy* 25: 129 – 156.

Heim, I. . 1982. "The Semantics of Definite and Indefinite Noun Phrases. " dissertation, University of Massachusetts.

Heim, I. . 1990. "E-type Pronouns and Donkey Anaphora. " *Linguistics and*

Philosophy 13: 137 – 178.

Heim, I. . 2011. "The Semantics of Definite and Indefinite Noun Phrases. " Ph. D. diss. , University of Massachusetts.

Hess, M. . 1989. "Genericness and implicit quantification in discourse presentation theory. " Conference on Cross-linguistics quantification, 1989 Summer Institute of Linguistics. Tucson, AZ, USA.

Hess, M. . 1989. "Reference and Quantification in Discourse. " University of Zurich Habilitation Thesis.

Heyer, G. . 1985. "Generic Descriptions, Default Reasoning and Typicality. " *Theoreical Linguistics* 12: 33 – 72.

Heyer, G. . 1990. "Semantic and Knowledge Representation in the Analysis of Generic Descriptions. " *Journal of Semantics* 7: 93 – 110.

Huang, Aijun. 2003. "A DR-theoretical account of Chinese Donkey Anaphora. " dissertation, University of Hunan Normal.

Kadmon, N. . 1990. "Uniqueness. " *Linguistics and Philosophy* 13: 273 – 324.

Kamp, Hans. 1981. "A Theory of Truth and Semantic Representation. " In *Formal Methods in the Study of Language*, edited by J. Groenendijk, T. Janssen, and M. Stokhof. Amsterdam: Mathematical Center.

Kanazawa, Makoto. 1994. "Weak vs. Strong Readings of Donkey Sentences and Monotonicity Inference in a Dynamic Setting. " *Linguistics and Philosophy* 17: 109 – 158.

Kanazawa, Makoto. 2001. "Singular Donkey Pronouns Are Semantically Singular. " *Linguistics and Philosophy* 24: 383 – 403.

King, Jeffrey C. . 1987. "Pronouns, Descriptions and the Semantics of Discourse. " *Philosophical Studie* 51: 341 – 363.

King, Jeffrey C. . 1991. "Instantial Terms, Anaphora and Arbitrary Objects. " *Philosophical Studies* 61: 239 – 265.

King, Jeffrey C. . 1994. "Anaphora and Operators. " *Philosophical Perspectives* 8.

Kratzer, A. . 1981. "Blurred Conditionals. " In *Crossing the Boundaries in*

Linguistics, edited by Klein, W. and Levelt, W. , pp. 201 – 209.

Kratzer, A. 1981. 'The Notional Category of Modality'. In *Words*, *Worlds*, *and Contexts*, *New Approaches to Word Semantics*, edited by Eikmeyer, H. -J. and Rieser, H. , pp. 38 – 74. Berlin: Walter de Gruyter.

Krifka, M. . 1996. "Parametric Sum Individuals for Plural Anaphora." *Linguistics and Philosophy* 19: 555 – 598.

Kroll, Nicky. 2008. "On Bishops and Donkeys." *Nat Lang Semantics* 16: 359 – 372.

Lappin, Shalom. 1989. "Donkey Pronouns Unbound." *Theoretical Linguistics* 15: 263 – 286.

Lappin, Shalom and Francez, Nissim. 1994. "E-type Pronouns, I-sums, and Donkey Anaphora." *Linguistics and Philosophy* 17: 391 – 428.

Lin, Jo-wang. 1996. "Polarity Licensing and Wh-phrase Quantification in Chinese." Ph. D diss, University of Massachusetts.

Lin, Jo-wang. 1998. "On Existential Polarity Wh-phrases in Chinese." *Journal of East Asian Linguistics* 7: 219 – 255.

McCarthy, J. . 1980. "Cirumscription: A form of non-monotonic reasoning." *Artificial Intelligence* 13: 41 – 72.

McCarthy, J. . 1986. "Applications of circumscription to formalizing common sense knowledge." *Artificial Intelligence* 28: 27 – 39.

Ning, C. Y. . 1993. "The Overt Syntax of Relativization and Topicalization in Chinese." Ph. D diss, University of California.

Ning, C. Y. . 1996, "De as a Functional Head in Chinese." Working Paper in Linguistics, University of Clifornia.

Nouwen, R. . 2003. "Plural Pronominal Anaphora in Context." dissertation, University of Utrecht.

Pan, Haihua & Jiang, yan. 1997. "NP Interpretation and Chinese Donkey Sentences." Summer Institute of Linguistics of the Society of America. Cornell Universtiy.

Pelletier, F. J. & Schubert, L. K. . 1989. "Generically Speaking or Using

Discourse Representation Theory to Interpret Generics. " *Properties, Types and Meanings* 2: 193 – 268.

Roberts, C. . 2003. "Uniqueness in Definite Noun Phrases. " *Linguistics and Philosophy* 26: 287 – 350.

Sandt, R. v. d. . 1992. "Presupposition Projection as Anaphora Resolution. " *Journal of Semantics* 9: 333 – 377.

Saurer, W. . 1993. "A Natural Deduction System for Discourse Representation Theory. " *Journal of Philosophical Logic* 22: 249.

Schwarzschild, R. . 1992. "Types of Plural Individuals. " *Linguistics and Philosophy* 15: 641 – 675.

Van der Sandt, R. . 1992. " Presupposition Projection as Anaphora Resolution. " *Journal of Semantics* 9: 333 – 377.

Wilson, George. 1984. "Pronouns and Pronomial Descriptions: A New Semantical Category. " *Philosophical Studies* 45: 1 – 30.

Winter, Y. . 2000. "Distributivity and Dependency. " *Natural Language Semantics* 8: 27 – 69.

图书在版编目（CIP）数据

汉语问题性照应语研究：以 DRT 框架下的汉语驴子句
处理为例/陈琳琳著. -- 北京：社会科学文献出版社，
2018.12
ISBN 978 - 7 - 5201 - 3969 - 4

Ⅰ.①汉…　Ⅱ.①陈…　Ⅲ.①汉语 - 句法 - 研究
Ⅳ.①H146.3

中国版本图书馆 CIP 数据核字（2018）第 274138 号

汉语问题性照应语研究

——以 DRT 框架下的汉语驴子句处理为例

著　　者／陈琳琳

出 版 人／谢寿光
项目统筹／曹义恒
责任编辑／曹义恒　程丽霞

出　　版／社会科学文献出版社·社会政法分社（010）59367156
　　　　　　地址：北京市北三环中路甲 29 号院华龙大厦　邮编：100029
　　　　　　网址·www.ssap.com.cn
发　　行／市场营销中心（010）59367081　59367083
印　　装／三河市尚艺印装有限公司

规　　格／开 本：787mm × 1092mm　1/16
　　　　　　印 张：14　字 数：215 千字
版　　次／2018 年 12 月第 1 版　2018 年 12 月第 1 次印刷
书　　号／ISBN 978 - 7 - 5201 - 3969 - 4
定　　价／79.00 元